U0164753

序 曲

2004 年 1 月 26 日至 2 月 4 日,中國國家主席胡錦濤訪問巴黎,出席中法建交 40 周年慶祝活動。

法國在歐洲北約國家中最早與紅色中國正式建立邦交。因為 1964 年法國總統戴高樂奉行獨立外交路線,要擺脫美國影響,所以就全力與中國建交,展開經貿往來。

法國大革命對中共革命的影響,令法國人對中國有無限浪漫的情懷。而周恩來和鄧小平亦曾於中共草創時期到過法國勤工儉學,故中國人對法國也有特殊的嚮往。

中法建交 40 年,有許多活動分別在巴黎、北京舉行。1 月 28 日這一天,巴黎的法國總理府有一項重要活動:法國總理拉法蘭(Jean-Pierre Raffarin)當日黃昏於總理府與胡錦濤親自主持法國湯姆遜(THOMSON)集團名下的電子公司,與中國 TCL 企業簽署合併協議的儀式,合資後的公司由中方 TCL 控股,打造一家全球最大的生產顯像管電視(CRT-TV)企業。

2003 年 6 月 1 日,中國國家主席胡錦濤和法國總統希拉克在 Evian 會見,法方倡議中國企業 TCL 和法國 THOMSON 合併彩電業務,打造全球最大由中方控股的彩電企業,作為翌年中法建交 40 周年的獻禮。不久,阿咩便收到法方電話,向電子工業部、廣東省和惠州 TCL 通報,並加快進程。

此一交易據稱是中共立國以來第一宗中國品牌正式「走向世界」的國際併購案。

　　因為這一年，TCL 與湯姆遜合併之後，接收的生產線和市場，是全球二千二百萬部顯像管電視，銷售量高於日本索尼、韓國三星，是全球產量銷售之冠。

　　中國的 TCL 本來是出身於廣東惠州的一家小企業，經一個香港人穿針引線，揚帆出海，終於與歐美聞名的湯姆遜成功合併且由中方控股。

　　半年之後，中國的聯想才收購美國 IBM 的手提電腦業務。故 TCL 收購湯姆遜 TV 業務，才是開中國企業有史以來併購海外公司業務的先河，此案例現已列入哈佛商學院的課程。

　　從此，此一中法合資企業所生產的「彩電品牌」，在亞洲叫 TCL，在歐洲叫 THOMSON，在美國則叫 RCA。因為法國湯姆遜在與 TCL 合併之前，早已收購了美國影音老牌 RCA。因此，此一以中國領銜的國際項目橫跨中國、歐洲、北美洲，成為中法美三國技術、管理、市場合作的奇特結晶。

　　這一切發生在鄧小平和江澤民權力主控、「改革開放」時代的中國。

　　促成此事的關鍵人物叫做楊向杰，一個香港人，外號「阿咩」。

　　一名香港仔如何翻雲覆雨，拉攏三國的合作？此人從何而來？以往有何經歷？香港人口六百萬，從商者成千上萬，為甚麼是這個名不見經傳的楊姓港商？這個人憑甚麼資歷和本錢能在此時空交匯之處，站在這一點？

　　1 月 28 日下午，香港人楊向杰出現在法國巴黎市中心金三角的 Simon & Simon 律師行。

因為當晚七點，胡錦濤與拉法蘭即將以國家領袖的身份在法國總理府見證簽署此涉及年銷售額近百億美元、數萬工人、全球數十個工廠和實驗室的併購協議。但簽署的吉時在即，此一「框架協議」內許多條文細節，雙方仍爭持不下。TCL 主席李東生和湯姆遜總裁達哈利（Charles Dehelly），已黑著臉搖頭嘆息離開會議室。眼看協議隨時告吹，此時，楊向杰即不慌不忙安撫兩位老友，說：「你們放心，讓我來試試。」

他進了會議室，把門關上，即用力拍著桌面，用他的港腔英語向不同國籍的二十多名洋人律師高聲喝罵：「你們各為其主，我明白。但我們的底線，是今晚七點鐘要到總理府，在中國國家主席和法國總理見證下簽署協議。至今你們還各持己見、爭論不休。現在已三點多了，若此一框架協議在這兩個鐘頭內不能敲定最後文本，我會宣佈此宗交易告吹，你們休想得到一分錢！」

說畢轉身就離開會議室，把門「砰」一聲用力關上。

會議室內，多國律師面面相覷，竊竊私語，即刻坐下來重新翻閱檔案。結果不到兩個小時，傍晚五時許，「框架協議」終於完成。

法國總理府內，等待胡錦濤主席和拉法蘭總理見證項目簽署前，中法核心團隊合照。阿咩（左一）為當晚唯一持BNO護照進入法總理府的項目負責人。

律師們讓楊向杰帶同兩位總裁進會議室，畢恭畢敬地呈上協議文本。

既然文本已準備就緒，可以送到總理府，等待元首光臨了。

七點正，法國總理府內，紅地氈已鋪妥，儀仗隊亦已作好準備，拉法蘭和胡錦濤雙雙到場。在中、法和歐盟的旗幟前，放了一張長桌，桌上攤開了楊向杰心血匯聚成的協議文件。

一邊是中國國家主席胡錦濤、TCL 集團主席李東生和首席財務官嚴勇，而另一邊則是法國總理拉法蘭及湯姆遜主席（非執行）唐夏（Frank Dangeard）及首席執行官達哈利。

全球彩電行業歷史轉折點的主角：法國 THOMSON CEO 達哈利（右）和中國 TCL 主席李東生（左）。

此時，簽署儀式即將開始，侍應的香檳也準備好了。唐夏以目光掃視，似在尋找一個人。

這個人用了近兩年的時間，前後找尋過六家中國企業，最後由他建議選定 TCL，作為 THOMSON 彩電的全球合作夥伴。今天，中法兩國簽署合作協議，作為中法建交 40 周年最大的獻禮。慶祝成果之際，他去了哪裡？不也應該站在一起，共同誌慶此一歷史時刻？

這個人就是香港仔楊向杰，即是他的法國朋友熟悉的 Raymond Young。

唐夏終於發現了人叢中的楊向杰，用眼神示意他來到自己的身旁。楊向杰看見，沒有走到唐夏身邊，而是轉身急步走到禮堂的後方，跨上正對著簽署長桌的電視攝錄台，站在中國中央電視台 CCTV 和法國 TV5 的攝錄機中間，正對法中兩國元首。

阿咩站在 CCTV 和 TV5 攝影隊的中間，遠距離觀看中法兩國元首見證 TCL 和 THOMSON 的世紀大 Deal 的簽約儀式。

　　回想剛才入場進行身份檢查前，自己所出示的是不同於在場大部份人士的英國 BNO 護照，保安人員閃過奇異的目光，一種說不出的滋味不自覺地湧上心頭。

　　為甚麼香港主權移交近七年，自己這次入境法國持 BNO 護照？一本薄薄的證件，蓋滿了五洲四海的出入境印記，卻承載著千噸重的身世淒酸。

　　在簽署儀式的法中雙方之間，以及以後發生的許多國際大事，一個香港人應選站在哪邊？

　　身為法國湯姆遜集團在華的總代理以及中國政府和企業信任的多年合作夥伴，楊向杰一手引領湯姆遜集團與中方的 TCL 配對成功。一手持針，另一手握線，他是將線頭緩緩穿進針孔的那個人。

　　他的眼光、他的大腦、他的一雙手。他不應站在針或線的一方，應該在中間，他才超然。

阿咩（右）和新出爐的全球彩電大
王李東生（左），於簽約儀式後，
在總理府門前合照。

香港並非主權國家，中國民族主義的情緒也極為敏感。在法國人眼中，若楊向杰站在所謂炎黃子孫的一邊，法國人會感到不舒服，認為他這許多年，原來只為中國利益奔忙。

若站在法方一邊，今天對面的中國官員和賓客雖是笑盈盈，不知道那一張張祝酒握手的笑臉後隱藏的，是對這個香港仲介人物的何等「定性」。將來政治氣候變化，或合併最終失敗，有照片為證，自己會不會淪為裡通外國的漢奸？

想到此處，欣喜之情，忽被一絲緊張和恐懼侵蝕。

靈機一閃，他不向前進，轉身走向後邊的電視攝影高臺。簽署儀式尚在進行，李東生和唐夏看見楊向杰在大廳另一邊「找到了自己的位置」，也發出看來只有點曖昧的微笑。片刻雙方簽署協議，兩國領袖舉杯慶祝，會場一片掌聲，中法官員迅即忘記了這樣的一個香港小人物的存在。

這個香港仔為何能更上層樓，登上此國際觀景台，而忽生獨愴然而涕下之情？

這個人是中國夢的其中一件裝飾品。

他的成長，他的經歷，他的故事，在血影和淚光之中，或許也有一點點你，和我。

楔子

　　他像香港人一樣獨特。

　　香港開埠於 1841 年，鴉片戰爭的硝煙方散，在南嶺的山影之外，在珠江口岸的波光之間，香港雖然成為割讓了的英國養子，從此卻在東亞的社會經濟文化交通史別開了奇幻而獨特的身世一章，成為中西薈萃之地，由清末開始更成為西方思想、革命思維的搖籃基地。

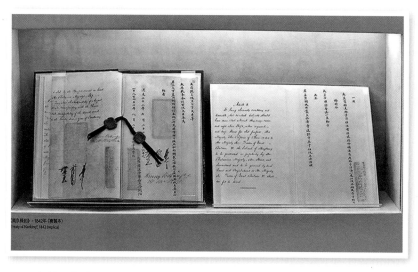

1842 年簽署的《南京條約》。大清帝國自 1840 年的「鴉片戰爭」後，割地賠款，開始了中國近代史屈辱的一頁，也開始了英殖香港百年的「文明」。

　　直至 1997 年，一百七十多年來，中國幾度巨變，香港躬逢其盛，大量人才或明或晦，或政或商，芳發於太平山下，鯉躍於維港之間，鑄造了香港這個東方之珠的奇蹟。

一個半世紀之間，獅山躍翠，維港騰輝，藏龍臥虎，捲氣生雷，出現了許多不凡而傳奇的人物，也孕育了一段獨特的中西經濟文化交流交通史。

中環碼頭的香港重光典禮。中華民國與大英帝國的國旗飄揚，1945 年 8 月，盟軍擊敗日本，香港三年零八個月的日治政權結束。

香港之成為一幅寶地，看似是國運所致，靈氣所鍾，其實也是無數藏龍臥虎的仁人志士各展所長、貢獻心力的成果。在眾多人物之中，香港的下一代熟悉的名字如星濤斑斕，如百川入海，從最早的何東之商儒，到現代李小龍之武聖；又自曾在香港為西醫和革命先驅的孫中山，到為炎黃子孫增光、躋身國際級富豪的李嘉誠；由埋骨海灣的蕭紅和過客淺水灣的張愛玲，到文學、報業、政界的巨匠金庸，香港一冊殖民地史出現的精英良才目不暇給，也耳熟能詳，別添姿彩。

然而香港的傳奇說不盡，香港人的故事，一千零一夜也講不完。

在眾多人物之間，別有一子，以奇特的生命軌跡，紀錄了香港歷史的一條潛線；以令人驚詫的命運，引證了一個風起雲湧的時代。

這個人物，並不家傳戶曉，也不顯赫江湖，但在龍吟於碧波、俯笑於山林之間，他是一個命格僻奇的香港仔。

本名楊宇杰，後改為「向杰」。至七十年代，還有一個富文藝風格、引致隔代爭議的筆名叫石中英。

國運浮沉之間，他楊氏三代也在洪流之中，與千家萬戶一樣身世飄零。

他的父母是廣州兩大商賈望族之後，他的文化根源又在嶺南西關。一縷香火，從此另結飄移香江之緣。

楊宇杰在二戰後 1950 年底的香港出生，正值 1949 年大陸山河變色、韓戰方酣，也經歷了 1967 年中國「文革」在港的烈焰。少年時沾染社會主義的左派理想，終因浪漫激情而繫獄；雖身歷殖民地教育的書卷敦化，後來在一個大時代中持筆砍伐，卻又荷戟徬徨。

但他天性樂觀，對生命的熱誠和奮進，令他在左與右、紅與黑之間，若《西遊記》裡的齊天大聖，於一個剛烈時代，困煎在太上老君的丹爐裡，七七四十九日，終煉成一套獨特的風骨。

他只是香港人海中的一星波瀾，但他的生平在意識形態的洗鑄之際，在家國情懷的塊壘之中，在黑獄的欄窗之下，在原野和星空之間，他縱橫四海，竟然左右逢源，成就了一方小小的事業。

楊宇杰在官立的金文泰中學就讀。1967 年的香港左派大暴動，曾以「青少年囚犯」（Young Prisoner）之身陷入牢獄，出獄後歷任左派報刊編輯、私校教師。後來搖身一變，乘著 1979 年中國改革開放之洪流，又輾轉成為一名成功的國際華商。

此子與香港一個大時代，縮結了一段前世今生的奇緣。除了是一個「香港仔」，也是省港澳的一名近代兒女；除了是一腔熱血的浪漫主義者，也是精打細算的一個生意人。他的一生緣結香港本地左派，

即俗稱「土共」的愛國陣營。由於年少文藝氣息濃厚，與香港左翼政治和文化人物羅孚、吳康民、曾鈺成、梁國雄等相交。從商後，也與中國內地、歐美尤其法國等地的巨企商賈、達官貴人往來。

在 1997 年 6 月 30 日午夜，目睹殖民地米字旗徐徐降下、五星紅旗緩緩升起，不知為何，心中有如打翻五味架，悲欣交集。這一刻，他已稍有皺紋的眼角下，竟不期然流下了一滴淚。他知道，這不但是香港一個舊時代的結束，也是昔日的另一個「我」的終結。

英殖香港的徽章：西方的雄獅，東方的蛟龍，還有三桅帆船，以及帝國的皇冠。

這本傳奇，不紅不黑，似黃若藍，灰濛無邊之處，其實色彩無限；是他為昨日之我的一卷焚稿化蝶的情書，也是他面向晚年天門洞開時的獨白。

楊向杰是一個土生土長的香港仔，同時也是香火血印的中國華人，祖籍廣東順德。他的故事是香港現代史的外一章。

這本書的主角一生抗爭，卻並無仇恨；永遠奮鬥，而從不動氣。意氣之外，並有志氣，他也是另一個爭氣的香港人物。

這本書中，有一點你所熟悉的香港，更有太多你不知道的香港。身為香港人，不論你依戀這片土地，還是到了與香港道別的時刻，固然要知道。因為無論香港還是中國，在近一世紀的紅火和黑獄之間，煉就了如此一件「產品」。

熟知他的人有為數甚眾的一代，卻曾因為政治劇變的陽錯陰差，歲月流光之業因奇緣，在他身上折射出自己破碎創傷的影子。對於他圈子裡的年少友好，這個「香港仔」別有一個稱號，叫做「阿咩」。

　　「阿咩」的「咩」字，是廣東話「乜嘢」（What /Something）的縮稱。中文裡的「羔羊」，湊巧地粵語也叫「羊咩」。

　　「阿咩」這個外號，從他在中學時代就形影跟隨。在殖民地的買辦時代，華人與洋人等級森嚴，在米字旗日當盛午之下，每一位炎黃子孫，都可以說是 Nobody。但他在此一獨特的環境下，憑強大的意志、雄渾的奮鬥心、純樸的情感，加上冥冥中的一點助力，從一個 Nobody 奮鬥成材，終於成了一個 Somebody。在佛家的哲理之中，「色即是空」。在五彩斑斕的 Something，幻開千蕊，最終也歸寂滅的 Nothing。

　　然而在冷戰的時代，中西意識形態的交惡，香港身處大國博奕，板塊碰撞的裂縫裡，天地不仁，森林定律，善良百姓，包括凡人阿咩，也真像森林裡獅虎環伺的一隻羔羊。

　　阿咩生於香港，情寄神州，長於香港，卻事業繁茂於國際。在二十世紀下半葉，帝國主義和家國民族的劇烈衝突裡，阿咩的心靈像許多人一樣，由一合而撕裂二分。

　　在紛亂的大時代，許多人活在蒙混裡，今天是人，明天變鬼；四周相識，昨天是友，今日成敵。但當命運的骰子乾坤再擲之後，人鬼互易，朋友又變成敵人。

　　中國人是一個奇怪的民族，有三千年的儒家倫理，其中少數也有一百年的共產理想，許多價值觀和信仰，當初以為同氣連枝，後來才知道是勢峙水火。

　　1992 年，在美國奧斯卡最佳電影《阿甘正傳》（*Forrest Gump*）裡，由新晉小生湯漢斯主演的阿甘，天性樸實憨直。由越戰冷戰，到蘇聯

解體，由美國超強登場，到如日中天，阿甘在純真和樂觀中回顧一生，發現雖然經歷過起宕無限、福禍無由、正邪無形、喜樂無邊，但他對人生獨上西樓，望盡天涯路之後的結論，是一句至今仍惹人沉思的話：「生命是一盒朱古力」。

香港的阿咩與美國的阿甘有所類似；而荷李活的阿甘經歷的衝突和傷痕，卻又不如遠東的這位隔世的阿咩。

如果你是香港人，讀阿咩之事，有助於從不為人所知的角度重認香港，或也能在生命的不同層次，找到你身邊一直沒有注意過的那個朋友，也找到自己。

維多利亞公園內象徵帝國百年統治的維多利亞女皇像。在 1967 年的「反英抗暴」中，遭「左派暴徒」淋紅漆、寫標語。在這百年不遇的變局裡，少年阿咩，捲入了歷史的漩渦。

阿咩（左）與林占士警司（右）同遊沙頭角中英街看「界石」（光緒廿四年（1898年）中英街立）。昔日「六七少年犯」站在原「華界」，當年「防暴警察」站在原「英界」。「九七回歸」當天已過十五載。相逢一笑泯恩仇。

阿Q正傳

平凹

目錄 (上卷)

序曲　　　　　　　　　　　　　　　　　　2

楔子　　　　　　　　　　　　　　　　　　8

第一章　快樂童年　　　　　　　　　　　16

第二章　家逢巨變　　　　　　　　　　　58

第三章　青年樂園　　　　　　　　　　　74

第四章　1967 年　　　　　　　　　　　114

第五章　學生樂園　　　　　　　　　　　160

第六章　春風化雨　　　　　　　　　　　192

第七章　激揚文字　　　　　　　　　　　228

第一章 快樂童年

▌ 糠擺渡的 DNA

　　阿咩像香港大多數人一樣，祖籍廣東，著名的魚米之鄉順德。祖輩做官，祖父楊依平，生於清末。

　　年輕獨身的楊依平，於光緒末年由鄉間到殖民地的花花世界香港，插班就讀香港皇仁書院，寄住上環一座唐樓。那知道卻與包租婆那豆蔻年華的千金眉目傳情，因惜生愛，自此情牽一線，畢業回廣州後念念不忘，最終姻成夫妻。

香港皇仁書院，前身為中央書院。

這座唐樓，在今日青年會所在的上環半山必列啫士街附近，是阿咩傳奇的起點。

　　清末著名的洋行，除了香港人熟知的怡和與太古、中西混血的何東家族，美國洋行也有一席位。阿咩的祖父楊依平，由於在皇仁讀過書，通英語，畢業後就獲聘入美資的旗昌洋行，北歸廣州，在十三行做職員[1]。

香港海事博物館所藏「廣州十三行洪氏卷軸」

　　旗昌洋行早在 1818 年由康乃迪格州的一個商人羅素（Russell）創辦於廣州，最早經營茶葉、絲織、鴉片生意，合夥人畢拉諾（Warren

---

[1] 據史載：「十三行」，又稱「洋行」或「洋貨行」，是專做對外貿易的牙行，指定專營對外貿易的壟斷機構。康熙二十四年（1685）開放海禁後，在廣東、福建、浙江和江南分別設立海關。粵海關管理對外貿易和徵收關稅事宜，實際上稅收則由十三行出面主持。當年，廣州商人經營華洋貿易，並沒有設置專營外貿商行。次年，兩廣總督吳興祚、廣東巡撫李士禎和粵海關監督宜爾格圖商議，將國內商稅和海關貿易貨稅分為住稅和行稅兩類。住稅徵收物件是本省內陸交易的一切落地貨物，由稅課司徵收；行稅徵收對象是外洋販來貨物及出海貿易貨物，由粵海關徵收。並建立兩類商行，以分別經理貿易稅餉，前者稱金絲行，後者稱洋貨行即十三行（雖稱，「十三」，但並無定數）。乾隆二十二年（1757），廣州成為全國唯一海上對外貿易口岸，史稱「一口通商」。「十三行」逐漸享有壟斷對外貿易的特權。道光二十二年（1842），中英《南京條約》簽訂後，十三行專營外貿的特權被取消，乃趨沒落。參見：廣東省人民政府地方誌辦公室編：《廣州印記‧第 3 冊》（廣州：廣東人民出版社，2018），頁144。

Delano, Jr.），還是後來第二次世界大戰期間，獨領風騷的總統羅斯福的外祖父。

1846 年，旗昌洋行將總部遷到上海，原廣州總部成為分行。後來得廣東富商伍秉鑑入股 [2]，廣州分行業務有了大發展。十九世紀中葉，由於太平天國之亂，廣州和上海內通大陸茶葉產地的運輸受阻，旗昌洋行另開途徑，到福建武夷山收購鐵觀音茶葉運到福州，在福州海岸上船，運去舊金山。

旗昌洋行還有權提名美國駐中國通商口岸如上海、廣州的駐華領事，對美國在華的外交事務有影響力。

楊依平服務於美國洋行，代理中國尚未流行的電風扇。誰想到一個甲子後，他的孫子阿咩，又成為美國電視顯像管生產技術進入中國的牽線人，也屬買辦性質，一切似乎冥冥中有一個遺傳軌跡。而阿咩生意上如此成功，原來源自祖父這一點「買辦 DNA」，這是後話。

自鴉片戰爭之後，清朝的中國開放五口通商。由英資為代表的十三行，首先在廣州登陸，然後從英、法和美國開來的商船，也逐漸將上海視為東方的紐約，在西洋商人和中國的人口市場之間，興起了買辦階級，成為近代中國社會富有爭議的一個文化品種。

「買辦」（Comprador）是中國傳統經濟體制之外，在十九世紀末崛起的新興行業。他們最早與西方近代經濟接軌，繼而成為中國口岸城市通往大陸市場的橋樑。「買辦」不但是中層的代理人，也代表了在一個長年閉塞的中國，最先將西方貿易契約、法規、制度帶來中國的先驅。

---

❷ 伍秉鑑（1769-1843 年），又名伍敦元，祖籍福建。伍秉鑑的父親伍國瑩自康熙年間由閩入粵到廣州經商，成為十三行怡和行開創者，商名伍浩官。1834 年，他成了首位中國的世界首富。參見：劉正剛：《圖說南粵歷史》，（廣州：廣東省地圖出版社，2015），頁 130。

當「買辦」，不必具有創意和想像力，只需具有誠實的品格、流利的外語、獲得西方商界信任的人脈和信譽。

買辦是中國歷史上第一代能仿傚、融合、輸入西方生活文化方式的人。此詞起源於西班牙文的 Comprar，是「購買」之意，演變成了英文 Comprador。開埠初期的上海，對於 Comprador，有一首打油詩：「糠擺度名不得閒，寧波邦口埠香山。逢人自詡呱呱叫，身列洋人第幾班？」所謂「糠擺度」就是 Comprador 的音譯，而「洋人第幾班」，後來也衍生為「大班」（Taipan）的時代名詞。

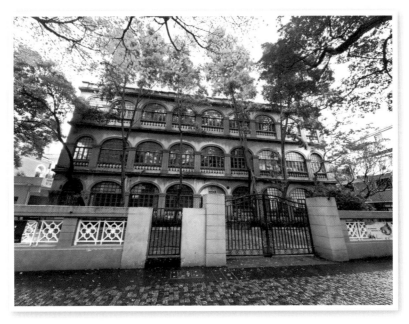

廣州沙面大街 48 號旗昌洋行現址圖：祖父楊依平曾在此上班。

楊依平當了高等華人，步步高陞，衣食富貴，得蒙洋人寵信，工作順利。娶了包租婆之女為妻後，又納了一妾。妻妾兩房共生下二十二名子女，長子楊液池，在楊依平跡居廣州之時降生，於富貴的西關長大。由於楊依平與美國的淵源，楊家深受美國文化影響。楊液池長大，考進了同樣由美國教會主辦的廣州嶺南大學化學系。

1880 年創辦的「陶陶居」（康有為題辭）。
「西關大少」楊液池童年常隨父到此飲茶。

A STUDY ON TWITCHELL'S REAGENT

By

Young Yik Chi
楊液池

Submitted to the Department of Chemistry of the
College of Science, Lingnam University, in partial
fulfillment of the requirements for the Degree of
Bachelor of Science.

Canton, China
T 04575   1940

CERTIFICATE OF ACCEPTANCE

Accepted in partial fulfillment of the re-
quirements for the Degree of Bachelor of Science
by the Department of Chemistry of the College of
Science, Lingnam University.

H. P. Kung
Adviser in the Study

acting *H. P. Kung*
Head of the Department

acting *H. O. Chen*
Dean of the College

June 14th, 1940

Acknowledgement

The writer wishes to express his gratitude
to Dr. H. P. Kung under whose direction this in-
vestigation has been carried out, and also to P.
B. Bien for many helpful suggestions.

June 14 th., 1940
Hong Kong   Young Yik Chi.

楊液池 1937 年入讀美國教會
創辦的廣州嶺南大學化學系。
1938 年因日軍侵華，隨之南遷
香港大學繼續學業。1940 年於
港大發表畢業論文（左上），
同年 6 月獲廣州嶺南大學授予
學士學位（科學）（右上），
兼美國紐約州教育局大學文憑。
左下為論文的鳴謝頁。

▍舉家遷港　創立鴻發行

七七蘆溝橋事變，日軍侵華。華北很快陷落，日軍開始大舉南侵。其時楊依平還在廣州，雖然廣州一時安全，楊依平觸覺敏銳，覺得以國軍武裝之薄弱，日軍侵佔廣州，只是時間問題。左觀右望，發現廣州海岸外的香港，由於是英國管治，覺得終究比留在廣州安全。

事實上，中日戰爭爆發之後，英美法俱保持中立。蔣介石艱苦抗戰，極力希望英美等會伸出援手，但英美反應消極，不想介入亞洲的戰爭。

楊依平攜家眷逃來香港，以為一時喘定。好景不常，四年後，太平洋戰爭爆發，日軍繼續南侵。楊依平眼看沒有退路，又攜家眷北返廣州。如此左閃右避，度過了三年零八個月。

好不容易熬過抗日戰爭，國共內戰隨即展開，美國的洋行貿易也因為戰爭而暫時中斷，楊依平頓失所依。但天無絕人之路，這時楊液池已經擁有大學的化學系學位，並曾任化工廠廠長。楊氏父子便在戰後的香港開始另謀出路，經營家族生意，從頭再起。

嶺南大學的校友，自二十世紀開始，便名人輩出，楊液池的同學中，有香港大昌地產創辦人陳德泰、以出品專治咳嗽的枇杷露知名的中藥商人潘高壽、大導演羅維。

嶺南大學化學系，還出了一個武俠小說家梁羽生。楊液池自少豐神俊朗，氣質清奇，二十來歲，西裝骨骨，嶺南畢業之後，受到父親影響，從商的興趣大起。

楊依平買辦出身，知道做買辦不過是經紀，不需專業技能，眼前兒子楊液池化學系畢業，畢竟有一技之長，而且在科學時代，世界的面貌已在改變，滿心歡喜，覺得如果父子合作，說不定就營就一盤科技的現代化生意。

楊依平不但看中楊液池，還拉攏了第五子、第七子、第十一子，一門四傑，開了一家化學用品公司，名為「鴻發行」。

「鴻發行」開張之日，辦公室設在上環利源東街，英文名 Young and Sons。連名稱也效法美國早期工業家族如福特的形式，希望像拍電影的邵氏兄弟一樣，能開枝散葉，子孫承傳。由於楊液池當時正執教鞭，兼且覺得戰後政府要興辦教育，英文書院和理工科教育一定發達，於是建議父親做教學用品進口生意。

楊液池建議，由美國入口化學實驗室用的儀器如試管、燒杯、小爐──也就是後來英文書院到了中三這一年，上化學課，第一課要學習使用的「本生燃器」（Bunsen Burner）。

說起 Bunsen Burner，香港一代書院仔讀過化學的，無人不識。但今日沒有幾個香港人記得，當年五十年代，香港的中學，實驗室裡面的那個 Bunsen Burner 和其他儀器，不少是楊氏父子最早從美國代理入口。

楊依平父子眼光沒有錯。戰後尤其大陸易手之後，香港的教育果然大興，而且有許多本在廣東內陸的知名教會學府，如真光、培正、培道、嶺南等，都紛紛南遷。不但教師的需求大增，理科實驗室用品也很有市場。戰後幾年，「鴻發行」業務發展得相當快。楊液池的化學專業得學有所用，幾父子同心協力營銷，開拓出一點成績。楊液池囊有餘金，有了經濟基礎，終於在 1949 年，情場得意，與廣州藥廠世家何爾昌的千金何玉清，在香港共諧連理。當然，婚禮以時髦的西式進行。

立業成家後，楊液池買了一輛積架（Jaguar）房車，楊家也遷進了堅道 111 號一幢三層高的唐樓。楊液池夫婦住二樓，楊依平的大房太太和未婚子女住三樓。但楊依平並不居此，而是長居二房那邊，只間中回來，尤其過年時，定必回來派利是。

阿咩的父系楊家，由祖父楊依平到父親楊液池，與十九世紀西方進華、開通商貿的一段近代歷史密不可分。

阿咩身為楊氏血裔，生下來就知道祖父是美國買辦。父親受美式教育，作風崇洋，認為英美船堅炮利，西方文化比中國高尚。然而，母氏卻屬於廣州嶺南另一支世家，雖一樣是經商出身，華夏情懷卻更為濃厚。一樣是名門大族，卻出了幾個叛逆的革命紅色兒女，其中一個，就竟是阿咩的母親。

歷史宿命之奇、個人命運之巧，家國的軌跡、山河的淵源，與個人的命脈奇妙地交雜，成就了阿咩一生在南中國海外的傳奇。

母親家世顯赫

何爾昌生於光緒二年（1876），從小喪父，輟學謀生，在中藥鋪當學徒。二十歲由廣州來香港，再到南洋一帶視察。有感於華僑的醫、藥兩缺，頓生濟世情懷；亦有感商機無限，回來香港，徵求華南名醫，餽集良方，想成立一家藥廠，出品古方良藥，進軍南洋。

何爾昌（1876-1940），何世昌藥廠（1921-2021）創辦人。

「治安堂何世昌丸葯局」海報
—— 亞洲石印局印 ——
關蕙農繪（1920-1930）

「何世昌葯行」月曆牌（1950年代），
阿咩三弟楊宇輝曾為月曆牌模特兒。

　　「何世昌藥廠」在1921年於廣州創立，其後又在香港設立分公司，因為香港與南洋水程比廣州更近。何爾昌做生意有天份，頭腦靈活，很快就造出「小兒百寶驚風散」、「極品蔘茸白鳳丸」等中藥成藥，以臘殼保存，燙金封印，俾能用貨輪運輸。除在內地和香港行銷外，也送到星馬、泰國和印尼，讓那邊的華僑頭暈身熱之際、感冒傷風之時，床頭桌面就有一盒來自唐山的家鄉藥丸，以濟醫急、以撫鄉愁。

　　何爾昌長袖善舞，一擊即中。藥品種類之多，市場囊括之廣，與當時以「虎標萬金油」馳名的胡文虎相比，也毫不遜色。

　　1929年，由於品格謙厚，很快獲當時的殖民地政府垂青，鼓勵捐

款開展慈善事業。何東邀請何爾昌參與創辦東華東院，並出任東華醫院首總理，而羅文錦則任主席。也可以說，如果台灣中華民國總統馬英九的出生證明，存於廣華醫院檔案，馬總統也應該感恩香港社會名流何爾昌的襁褓之恩。

1929 年東華醫院總理合照。羅文錦為主席（右八）。首總理何爾昌（左八）。

1930 年，何爾昌又獲政府委任為保良局首總理。

何爾昌獲委任為 1930 年保良局首席總理（右五）

禮頓道保良局內何爾昌照
（首排左一）

清末民初，成功男士，積善之家，必有餘慶，一定三妻四妾，開枝散葉。楊依平只是洋行買辦，沒有發大財，娶妻也有兩房。比他年長的何爾昌，妻妾房數，又怎會少？何爾昌先後娶妻四房，與楊依平一樣，也巧合地共生了二十二個子女。

其中第四房的偏妾何郭素勤，隨何爾昌來香港侍奉在側，並於1927年為何爾昌誕下長女何玉清。在何爾昌大家族裡，何玉清排第十六。玉清嫁予液池之後，就生下了長子，也就是本書的香港仔「阿咩」，取名宇杰。

何爾昌一家世繁族茂，枝多蔭廣，真是人如其名。傳統的家庭，明媒正娶的妻子必然是大家閨秀，但妻妾一路娶下去，越在後面入房的，身世越帶飄零之感。

四房郭素勤是福建人，因為家貧，被養父母賣到廣州，淪為「妹仔」。本來連名字也沒有，在何爾昌家中侍候，由何爾昌賜名素勤，及後一個不留神，就被何公收納為末妾。

那時婦女沒有甚麼「翻身解放」的意識。中國饑荒戰亂，女性普遍受歧視，如果家貧，生下被賣為奴婢，實是家常便飯。再遇上打仗，妻離子散，被父母遺棄或賣予他人的可憐女兒家，實多如遍地飄萍。

郭素勤能到何家當丫鬟已經命帶福星，進一步成為何爾昌的第四房，地位身份高了一級，在舊中國已經羨煞幾許窮家女兒。

何玉清雖然是四房的第一女兒，不知是否母親身世可憐，何玉清從小感受到封建制度對婦女的壓迫。出生時何世昌藥廠生意到達頂峰，何爾昌時時各地奔走，對這位眾裡尋她、也一時不知排第幾的女兒，也只匆匆見過幾眼。卻不知道女兒自小，與無產階級出身的母親依偎，心生「左」思。

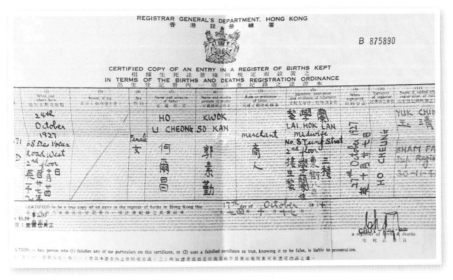

何玉清 1927 年的「出世紙」，紀錄她是在「東街 8 號」接生，地道的「香港出品」。

1940 年，何爾昌逝世。翌年，太平洋戰事爆發，香港淪陷。剛小學畢業的何玉清，被掌門二哥安排與幾位何家姊妹，在保姆照顧下，先從香港逃難到廣州，再隨家族取道西江，奔入廣西逃難。在桂林讀過，由廣州培道、培正遷來此的「培聯中學」。許多人以為，抗戰時期，只有北京天津的大學，搬到雲南，成為著名「西南聯大」，但有幾人記得中華民族，命運多艱，在日軍的鐵蹄之下，連中學也要逃難，也要聯校呢？

1936 年何爾昌六十大壽，與在港的二房四房子孫合照。中排左四為四妾郭素勤，旁立為何爾昌的十六女何玉清。

　　在桂林，何玉清遇上了比她年長八歲的楊液池——她同父異母兄長在廣州的同學。楊液池受託，為少女何玉清補習。戰火情緣，似是命中註定。

　　1945 年，太平洋戰爭勝利，香港重光。何玉清與三妹回到香港，母親和其他弟妹則留在廣州。

　　何玉清進入香港真光，本已不錯。但她性格剛強，聽到前房姊妹，沒人能考進意大利修女開辦的嘉諾撒聖心書院唸高中，便暗誓一定要被取錄。結果，玉清如願以償。1947 年，並由聖心保送，參加香港中學會考，取得中、英、數、聖經、世界歷史、地理、美術、家政共八科合格。這間創辦於 1860 年的女校，名人輩出。包括香港特區首任政務司司長陳方安生，於 1948 年入讀。其姊妹學校嘉諾撒聖方濟各和嘉諾撒聖瑪利書院，分別都出了鄭姓校友：月娥、若驊。前者貴為特首，後為律政司司長。

EDUCATION DEPARTMENT
HONG KONG

This is to certify that

HO YUK CHING, EUNICE

has passed the

HONG KONG SCHOOL CERTIFICATE EXAMINATION

reaching the required standard in the following Subjects:—

ENGLISH   CHINESE

DOMESTIC SCIENCE   MATHEMATICS

HISTORY   GEOGRAPHY

ART   BIBLICAL KNOWLEDGE

Chairman, Board of Control.

Members, Board
of Control.

16th day of December 1947

Serial No. 126

二十歲的何玉清，在 1947 年
由嘉諾撒聖心書院保送，參加
香港中學會考，八科合格。

　　楊何兩家人，本是兩條互不相交的軌跡，卻又緣結於一個動盪的
民國殖民地時代，中西文化如海上花，如天際雲，在中國國運顛沛動
盪時，芳影交匯，發出了一道微弱的光芒。西方買辦的文化意識，在
阿咩父親的腦海中開花結果。但阿咩母親等幾位四房的姊妹，在民族
資產階級家庭長大，反封建的社會主義進步意識，已在她們心裡默默
發芽。這段奇特的婚姻，本來並不可能，但由於 1949 年中國的巨變，
這兩股潮流，一股白色，另一股紅色，卻莫名其妙地匯聚珠江口岸外
這個小小的殖民地。而且天地鍾化，孕育出阿咩這個註定一生充滿矛
盾衝突的小男孩。「買辦洋奴」加「民族資本家」，生出來的下一代，
到底會是個甚麼樣的人物？如果天生情感豐富，會有何等的思想交
戰？

▌和平後香港的暗戰

四五十年代的香港，是華人社會在歷史上一段非常奇特的時空。

1945 年至 1950 年，東亞政局極度動盪和混亂，香港處於東亞戰後、日治政權結束、共產黨急劇擴充地盤、英法殖民主義勢力又極欲重生，返回東亞歸政、美國對此又不甚積極支持的大環境下，可謂兵荒馬亂，各股政治勢力，或明或暗，有如東漢末年，袁紹、曹操、漢獻帝、劉備、孫權等各股黑白勢力，逐鹿戰鬥，更血流成河，殘酷不休。

1945 年 8 月，日本接受「波茨坦宣言」，宣佈「無條件投降」。香港的日軍到底以哪一方為投降的對象？香港的主權問題，此時即刻浮現。

但蔣介石早已明言進駐。英國為了阻止國軍南下，決定搶先派遣距香港最近的駐菲律賓英國艦隊海軍少將夏慤（Cecil Harcourt）率領三百人的英國太平洋艦隊，緊急前馳香港。夏慤少將即刻在 8 月 13 日率艦起程抵達，宣佈出任香港再佔領部隊總司令與英國駐港總督。

由於蔣介石國軍主力部份，遠在中國內陸西北。毛澤東林彪以延安為基地，與剛進入東北「滿洲國」的蘇聯紅軍遙相配合，進駐東北，牽制住在西北的國軍主力，也令他們鞭長莫及，無法移往香港。日軍投降後，蔣全線與共產黨爭奪地盤，一時無暇顧及南下，收回珠江口岸的這片小小的前清殖民地。

距離香港最近的，反而是共產黨的遊擊勢力「東江縱隊」。廣東區黨委員會收到中共中央機密指令，急促前往香港，搶先進駐。趁著短暫的無政府狀態，由中共向英國談判。

香港的命運危懸一線：在廣東區黨委譚天度領導下的東江遊擊隊，近水樓台，集散兵游勇，進駐彌敦道，手持槍桿，散蹲在街頭，等待

延安「中央」一聲命令，即與英軍決一死戰。

夏愨少將抵港前兩周，毛澤東在延安講話時，就聲稱，「蔣介石蹲在山上一擔水也不挑，現在他卻把手伸得老長老長地要摘桃子。」而香港也就是蔣介石伸手未及的桃子之一。❸

兩星期後，局勢卻出現了變化。

毛、蔣的「重慶談判」，達成共識：大城市由國民黨統治，農村與小村鎮則由共產黨進駐。毛澤東對香港的興趣，也不及迅速奪取大陸江山之濃烈。但共產黨又礙於「民族主義」，無法直接反對中華民國政府取得香港。但如果香港落入國民政府之手，對共產黨卻極為不利，所以東江游擊隊即奉中共中央之命，與英國談判，並不與英國爭奪主權，而是暫時任由英國管治香港，換取讓共產黨在香港建構穩定的地位，時機成熟時再從英國手上收回。

英國戰後元氣大傷，雖然夏愨捷足先登，也不想直接面臨國共兩黨攻佔香港的危機。

廣東區黨委，向剛調回來的殖民地政治顧問麥道高宣示立場：同意英國接管香港，但英國須「保障中國共產黨，在香港的合法地位和新聞出版的自由、容許共產黨幹部在香港武裝」。中方無疑是揣摩毛澤東的意思，而下達的「加辣版」。此一要求，通過翻譯秘書黃作梅向英方宣示，夏愨和麥道高聽了，心中暗自吃驚，不發一言。

黃作梅生於香港，在香港的英文書院畢業。香港淪陷時曾救出許多英國外僑，其後獲英國政府頒授勳章。

英方代表冷冷看著桌子對面，這位一度是夥伴的中共黨員，心想

---

❸〈抗日戰爭勝利後的時局和我們的方針〉（一九四五年八月十三日），收錄自：章開元總主編、周勇副總主編、中共中央黨史和文獻研究院，中共重慶市委編：《中國抗戰大後方歷史文化叢書：中國共產黨關於抗戰大後方工作文獻選編》，（重慶：重慶出版社，2019），頁 1145。

這一次領教了共產黨的厲害：當真是一翻臉就變，過橋抽板。當日在香港反日，日本垮臺，即刻調轉槍頭反英，行為與太平洋戰爭結束之後的馬共陳平一樣的「現實」。其黨性之強，身段之靈活，令英國人也暗自驚訝。

英國如接納此等條件，無疑是提早「英中共治」香港，甚至英國淪為傀儡，當然無法接受。經過一個月談判，雙方妥協，中共在香港不容武裝，但可以在香港設立新聞機構、教育單位，在香港展開活動。

這樣一來，中共即可以香港為基地，統戰東南亞華僑與鄰近新獨立的地區，並拉攏英國，也以香港為貿易視窗，取得外匯。

英中妥協，香港轉危為安，但中共在香港的活動，會不會得寸進尺，毫不收斂？英國不敢怠慢，即改派「中國通」葛量洪出任港督，以迎接此艱辛時代的來臨。

戰後，政治變動加速，民族獨立自決的呼聲也一浪高於一浪。其實自蘇聯十月革命成功以來，由二十年代開始，不只中共成立，東南亞也先後出現印尼共產黨、馬共、泰共、寮共、柬共、越共、緬共、菲共等，養兵滲透千日，時機成熟之際，如雨後春筍，遍佈殖民地南洋各國。

1945 年之後，首先是緬甸的青年反殖領袖昂山揭竿反英，爭取獨立。昂山曾任仰光大學的學生會主席，自小反對英國殖民主義，並嚮往「大東亞共榮圈」。戰後，昂山回到緬甸，挾高漲的學生運動和民間民族主義獨立勢力，向英國殖民地政府要權。還沒有滿三十歲，就已經崛起為緬甸反英抗殖的英雄。

另一方面，華人聚居最多的馬來亞，在毛澤東、周恩來隔海支持下，也成立了馬共，在華人社會迅速擴張蔓延。戰後英國殖民地政府即在馬來亞實行「緊急狀態法案」，大舉清查華人社會裡的共黨分子。短短半年之間，英國馬來殖民政府，拘捕了兩萬四千名華人，其中包

括馬共黨員與思想左傾分子。1949 年至 1952 年間，紛紛驅逐出境，
遣送回中國。

　　英國殖民地政府發現，馬共的華人在馬來半島地下活動，多以「讀
書會」的形式，吸收嚮往中華文化的華裔文藝青年。馬來華人人口多
達二三百萬，在英國殖民地時期享有充份的出版言論自由，也一度是
接濟孫中山革命的海外基地之一。

　　讀書會和文娛聚會之類的活動，以尋求知識和娛樂消閒的形態，
表面並無政治色彩，但可以迅速聯絡一批志同道合的年輕人，利用他
們純潔的品格和旺盛的求知慾，只要有一個「領導」，即可灌輸「進
步」的紅色思想。其後整理名冊，長期觀察聯絡，日後以備一旦形勢
需要，撒豆成兵，即可圖另舉。

　　與香港地理環境相似的，還有新加坡。1946 年，一個新加坡華裔
青年李光耀去英國留學，修讀經濟，然後又從劍橋大學畢業，考獲大
律師執照。1950 年，李光耀回到包括新加坡在內的大馬，發現共產黨
已經滲透華人社區，操控華人工會，由印刷、運輸、油漆各大小社團，
都由嚮往剛成立的紅色中國的馬共人物操縱。英國很想極力保留馬來
亞，與李光耀建立默契。李光耀以執業大律師身份，拉攏馬共滲透的
華僑社區，為工會訂立契約文件、上法庭打官司。馬共滲透的華僑界
沒有英文人才，對李光耀大為好感，讓李光耀代表他們爭取法理公義。
那知道，李光耀內心親西方，雖然也一樣主張民族獨立，但利用華僑
的支持，取得權力，並為英國賞識，出任「新加坡自治邦」總理，為
英國撤出大馬之後，接管新加坡作準備。

　　此時華人發現李光耀的真正面貌，紛紛割席翻臉，但為時已晚。
李光耀與英國唱了一場長達十年的政治雙簧，是英國遠東殖民史上精
彩的一章。

　　緬甸的昂山、馬共青年領袖陳平，與勤工儉學時代的周恩來、鄧

小平一樣，也都是二十出頭的青年，這個年齡，思想理性訓練未足，但情感衝動，理想熱血，最容易對舊制度產生反感。太平洋戰爭，日軍在南洋屠殺甚烈，對反日分子又趕盡殺絕，早已在年輕一代，包括華人社會，埋下了反抗英美白人帝國主義、民族獨立建國的思想種子。

中國變色，東西對峙

1947 年，蘇聯試爆原子彈。第二次世界大戰勝利後，文明世界的狂歡非常短暫，美國領導西歐佔領日本，隨即與以蘇聯為首的共產陣營，展開激烈的對峙，世界進入冷戰時代。

1949 年，毛澤東的解放軍佔據全國，10 月 1 日在天安門城樓宣佈中華人民共和國成立，中國大陸從此變色。原國民政府在蔣介石的領導下退守台灣。

由 1921 年中共創立至奪得大陸江山，只需時二十八年。許多人不解為何毛澤東與他的同僚能在如此短的時間，由在上海秘密結社開會、潛藏地下的十幾個知識分子「酸秀才」，發展成一個強大的共產專制機器？

其實，1949 年中國的巨變，有深層的原因。「十月革命一聲炮響，為中國帶來了馬列主義」。早在二三十年代，蘇聯在歐亞之間，挾一股赤色洪流，雄然崛起，對於歐洲和中國都發生了巨大的影響。

為了抗衡納粹危險的極端民族主義，共產主義的左派思想在歐洲，尤其是英國，在知識分子之間，大為風行。

在英國劍橋大學，先有和平主義和新實在主義學者羅素（Bertrand Russell），對蘇聯心生嚮往之心，後有左翼經濟學家凱恩斯對蘇聯的計劃經濟，也不無贊同。對共產主義的嚮往之情，像一場傳染病：由英國的「費邊社」開始，到法國和意大利的沙龍、學苑、咖啡館和酒

吧，形成另一場「西風東漸」。在遠東有「小巴黎」之稱的上海，知識分子匯聚，以魯迅為首，也形成一個龐大的「左翼作家聯盟」——柔石、胡也頻、夏衍、丁玲……一時讀書必馬列，思想必同情工農貧苦大眾、意識進步必共產和社會主義。在年輕人，尤其是大中學生之間，成為一種時尚，成了思想的流行性感冒，有如中國改革開放後，暴發土豪，瘋狂追求法國意大利的名牌 LV 和 Prada。

中國人的消費，無論是物質，還是學術思想，一旦匯成潮流，能量巨大，足以貫穿東西，也席捲南北。

「共產黨」三個字代表了理想和豪情，有如一塊大磁石。

上海左傾作家巴金，三十年代出版了史詩式長篇巨著《激流三部曲：家、春、秋》，講中國封建大家庭，青年一代如何接受西方民主自由思想，對父輩封建保守一代，奮起反抗，尤其是對封建大家庭蓄養奴婢，壓制婦女人權的千年習俗深惡痛絕，主角覺慧少爺憤然離家出走，投奔自由。巴金的小說在青年學生之中造成一股旋風，年輕人個個以反建制為摩登。對三妻四妾的所謂封建大家庭，也都像巴金筆下的男主角，恨不得憤然離家出走，甚至投進革命的大洪流，如中共一直推崇的經典《紅岩》裡的成崗成瑤兄妹、《青春之歌》的林道靜。

香港社會川流匯聚

1949 年，國民政府陸軍總司令張發奎率領部眾，從廣東南逃香港。張發奎因中日戰爭時代，與盟國合作，曾協助英軍作戰，得到過青天白日勳章和英帝國 OBM 勳銜。英國雖然要與紅色中國展開交往，而國、共勢同水火，英國人又不能不念舊情。張發奎從羅湖過境，葛量洪下令用紅地氈歡迎。張發奎的部眾帶著槍枝實彈，坐著殖民地香港政府特派的專車，浩浩蕩蕩，把他送入市區。

張發奎在港島住下，香港政府政治顧問有一天很禮貌地上門問：「張將軍，住得舒服嗎？」張發奎大喜答：「謝謝港督的關照，香港很好。」政治顧問一笑：「聽說張將軍一個月前來香港時，帶來了大量槍械，對嗎？」張發奎說：「對，但因為我們要防範共匪，毛澤東和周恩來會隨時派刺客來暗殺我，我的槍械是用來防身的。」

英國的政治顧問笑著說：「請張將軍放心。香港是一個文明的城市，我們防衛森嚴，暗中也有監察，我可以以港督的名義保證，張將軍和你的部屬，在香港的生命安全絕無問題。將軍藏有的槍械，是不是可以暫時交由我們英方代為保管？」張發奎一聽，知道其中用意，馬上接受，命侍官部屬將軍火全部交給港英政府。

記述這件閒事，是為了說明五十年代香港社會的層次豐富，川流匯聚，成為世界一個獨特的中外江湖。1949 年和 1950 年，香港的關口一度短暫開放，1950 年，中國大陸大量難民逃來香港，其中有許多是知識分子、工業家、小商人、退伍軍人，當然還有許多來自上海和廣東的平民。

英國對中共並無幻想，知道中共的厲害。港督葛量洪承英國工黨政府首相艾德禮之命，穩守香港，觀察大陸的變局，隨時與毛澤東的紅色中國建立某種關係。及後，大陸關上大門，但英國知道，中國也想保留香港當時的現狀──像 1945 年後的西柏林一樣，成為一扇各自窺探、暗中往來的小視窗。

雖然香港暫時塵埃落定，英、中在周恩來運籌之下取得默契，但韓戰隨時爆發，英、美同一陣營，西方的民主自由價值，與中共的共產主義意識畢竟水火不容。

在同一時期，中共也有大量軍政文化人員奉命進駐香港，繼續經營於地面，或潛伏於地下，與中共裡應外合。眼見國府大勢已去，剛在大陸宣佈「起義」投共的知識分子報紙《大公報》，其社長胡政之

也率領了在上海的一眾部屬，如費彝民、鮑立初、羅孚（羅承勳）等來香港，另設分社，繼續出版，做中共輿論喉舌。或因如此，西方世界視香港和大陸的關係如「前鋪後居」的新佈局。

此時英國匆忙部署撤出印度和緬甸，只能極力保住盛產橡膠和錫的馬來亞和印支半島以東，包括香港的版圖利益。

但香港這個遠東的西柏林，英國只能不動聲色，姿態陰柔，與中共展開一場角力的探戈。雖然中共很快就參與韓戰，美、中勢不兩立。英國是西方自由世界的一員，似乎「左右做人難」。畢竟，英國政治家的靈巧與現實，令香港在冷戰的大格局中，保持了極為微妙的平衡。

中共很快與英國建立代辦處的半外交關係。英國駐北京第一任代辦歐念儒，直接與當時的外交部長周恩來溝通。

周恩來親自部署，以「中華人民共和國」的名義，接收包括干諾道中的中國銀行、啟德機場的十幾架飛機、由李鴻章創立的招商局等，許多國民政府在香港的資產，一夜之間，這些都變成了紅色的「愛國單位」。

中共的統戰在香港

中共成功之道，按毛澤東說法，靠三大法寶：「武裝鬥爭」、「黨的建設」、「統一戰線工作」。

統戰，是共產黨「上位」的一項專業。

「統戰」過程中，拉攏和團結只是手段；「統戰」的宗旨，在於征服和消滅，精神上仍然是「以階級鬥爭為綱」。

毛澤東建制之初，即積極爭取第三世界，尤其是印度、巴基斯坦等不結盟國家。同時，也認識到歐陸傳統帝國主義如法國、德國等，對美國獨大，也有不滿。中共在五六十年代積極團結第三世界，並拉

攏法國，以孤立美國。

與美國緊密結盟的英國，卻又在大陸珠江口岸，擁據香港為殖民地。在遠東，香港對於英國，有龐大的經濟和戰略利益。

毛澤東、周恩來，對英國便開創了一種獨特的敵我曖昧、進退複合的戰略。為此英國也心領神會，為了保住香港不被「解放」，1950年工黨政府首相艾德禮，獨自與中共建立代辦級的外交層次關係。英方也反過來拉攏中共，利用中共須靠香港賺取外匯，誘使其不收回主權；同時也與之作有限度交往，以瞭解中共鐵幕後的政治社會狀態。

毛澤東不收回香港，英國也不讓美國利用香港對抗中國。中、英對此，彼此心照不宣。1949年，有大量國民黨軍政人員和子弟，南逃香港，並繼續保持強烈的反共面貌。

「統一戰線」是中共一條極為重要的戰略脈絡。在建立統一戰線的過程，要達到「以民束官、以商圍政」，「放軟身段、廣結朋友」。要推行統戰，就需要有個人魅力、卓越口才、文化知識豐富、姿態友善而「開明」，但同時黨性紀律極強的共產黨幹部，要實踐「統戰」的「十六字方針」：「隱蔽精幹、長期潛伏、積蓄力量、以待時機」。

「統戰」，是共產黨階段性的細緻的鬥爭哲學。

1950年之後的香港，中共的統戰哲學，在周恩來領導之下，提高到一個精密而嶄新的階段。工商界、教育界、醫療界和法律界，都是殖民地時期各股穩定力量。

中共很快培養了本地的工商界統戰人才，如《大公報》社長費彝民。醫療界和法律界，則有早在三十年代，就出於仰慕平等思想而熱烈支持中共的醫生李崧、華僑大律師陳丕士等。工商界因中共在大陸推行鬥爭地主、沒收產業的革命，對共產黨長期有戒心。五十年代，只有霍英東、王寬誠、莊世平、高卓雄、湯秉達等人，在原有的中華總商會機構之下，和中共展開交往。

香港的統戰工作由北京的港澳工委推行,領導人廖承志是周恩來直屬下級。

在香港的統戰,基本上秉承了中共早期統戰專家幹部李維漢的理論:「統戰鬥爭要從各方面表現出來:『政治上、經濟上、文化上、思想上』。經濟鬥爭要有,文化上,思想上的鬥爭更要有。但是我們通通把他們收編過來,到我們的隊伍裡,成為我們隊伍的戰士、幹部。資本家是資本主義剝削制度的代表者,但對於民主人士、高級知識分子和資產階級分子,充份估計他們幾年來的進步,在工作中給予適當的信任,包括資本家階級在內,應當同他們逐漸建立起社會主義的互助合作的關係。」[4]

中共的統戰思想核心,仍然是對共產主義原則的堅持,為了實現目的,暫時對其他階級擺出的友好微笑姿態,皆是過渡性的策略,目的是融和最大多數,最後將少數敵人孤立而消滅。然後再回過頭,解決被「被統戰」過的「朋友」。

但是香港的統戰理論,遇上新問題:香港的極少數孤立的敵人是誰呢?

根據毛澤東的階級鬥爭理論,應該是所謂港英殖民統治者。然而,毛澤東和周恩來又視英國為拉攏對象,是繼第三世界、歐洲之外的另一觀察、交往、「團結」的目標。

當然,對英國的所謂拉攏和團結,中共卻從來沒有幻想。因為自鴉片戰爭以來,英國對中國的影響,在政治和商貿方面也一樣深耕細作,瞭解得極為精密。中共對英國,視之為「老狐狸」。1950 年之後,卻又需要通過香港這個英治的殖民地,瞭解西方世界。最重要的是,中共本身鎖國,要靠這個英國殖民地成為商貿出入口、賺取外匯的管道。

---

[4] 中共中央組織部辦公廳、中共中央直屬高級黨校黨的建設教研室:《論黨的建設·六·十冊》,1957 年,頁 772。

這樣一來，就註定香港基層左派，長期會陷於思想的困惑：對於所謂「港英」，既要鬥爭，又不要鬥倒；既要包圍，卻又不能消滅，尤其英、美是強大的同盟。

至於教育戰線方面，更遠遠缺乏「統戰」成績。

殖民地政府財政龐大，美國教會也人強馬壯，國民黨勢力南來香港，也建立起自己的學校和社區。

從大陸來的難民中有不少青少年，加上戰後嬰兒潮，一時學額需求甚殷。殖民地政府雖然與南遷的商貿資本家緊密合作，如唐翔千、田元灝、安子介，和繼承上海影業的邵逸夫，向他們提供土地、鼓勵興辦工商業，以應付大量難民勞工的就業危機。但對於少年兒童流離街頭，卻也一時束手。

1949 年之前，香港殖民地政府推行精英教育。由殖民地布政司史釗域任創校校長的皇仁書院（前稱「中央書院」），是殖民地政府培養行政精英的搖籃。此外還有宗教團體、傳教士、美國教會此前陸續創立或搬遷來香港的聖保羅、拔萃、喇沙，均各自參照不同的辦學理想，在西方基督教文明的指引下，結合中國傳統文化，開創一套有香港特色的東方現代精英教育制度。

就在這個時候，香港湧現大量私校：有在唐樓、天臺，甚至木屋區山腳。五十年代，私立學校與私營報紙一樣遍地開花。私校教育質素參差、良莠不齊，其中有許多出於商業利益考慮的「學店」。但也有南來學者如錢穆、牟宗三、唐君毅等，「手空空，無一物」、「艱險我奮進、困乏我多情」，持著崇高教育理想辦學。

▋ 生於鐘鳴鼎食之家

毛澤東領據大陸，劉少奇曾提出短暫的「新民主主義」，下令資

本家與中共合作，繼續經營，而且不怕繼續剝削，因為中國已經是共
產黨天下，資本家剝削有功。但毛澤東很快就改變這段蜜月期。上海
的企業主，沒有逃來香港的，都要服從新的「國家政策」，把一生苦
創的資產，「獻」給國家。

　　何爾昌家族在廣州也受到革命中國的鼓舞，將藥廠「無私」奉送
中共。何爾昌的第五和第六子，還接受共產黨召喚統戰，相繼出任「廣
東工商聯主席」。而何玉清的生母、也就是阿咩的外祖母郭素勤留在
廣州。迎接「解放」之後，也順理「翻身作主人」，從此不再是任人
壓迫的「丫鬟妾侍」，變成廣州的「街坊組長」，為「國家」貢獻一
分力量。

　　1950 年，南遷的大陸中產階級，有些點財產來，在香港，像楊液
池，擁有大學專業學位，以戰後二百萬人口的城市，生活可以很優裕。

1949 年，三十歲的楊液池和二十二歲的何玉清在港舉行西式婚禮。後排右一為表
哥高亮，後出任「麗的呼聲」及「亞洲電視」的總經理。

1950 年代香港跑馬地養和醫院

1950 年 12 月 6 日，由李樹培院長於養和醫院簽發的阿咩出世紙。

楊氏夫妻家住堅道 111 號，已算是半山。由於做了點小生意，楊液池買了一輛英國積架房車。何玉清臨盤之日，他身穿西裝，親自開車，送太太去跑馬地養和醫院。

養和醫院由民國嶺南名醫李樹芬、李樹培創立。李樹芬留學美國，與中華民國掌管財政的宋子文是好朋友。養和醫院那時才樓高四層，已經是香港富貴人家的首選。何玉清懷此楊門長子嫡孫，楊液池戰戰兢兢，為家族的血脈關懷無限。

「自梳女」崧姐口中的「大官」

楊宇杰生下來，深得父母寵愛。母親何家，也眉開眼笑。兩年之後，二弟宇恆、四年之後，三弟宇輝相繼出生，楊液池喜上眉梢。楊門有後，三兄弟嘻笑熱鬧，倍添喜氣。

楊宇杰兩三歲，精靈活潑，一對眼睛特別似父親。三歲之年，楊氏夫妻把如珠如寶的阿咩，送進般含道聖士提反堂唸幼稚園。1956年，進堅道真光小學（真光中學是女校，小學是男女校）。

真光中學與嶺南書院一樣，都由美國長老會傳教士創辦。那夏禮女士（Ms Harriet Noyes 1844-1924）於廣州創辦了真光，和嶺南是「門當戶對」的兩家清末民初的品味學府。

由美國女傳教士那夏理於 1872 年在廣州創辦的真光書院

原堅道真光小學（男女校）位於堅道
97 號。由阿咩兒時住處堅道 111 號，
步行不需五分鐘，今已重建成浸信教會
恩典樓。

真光校長何中中。當了六
年女校男生的阿咩對她非
常敬畏。

堅道的真光小學只是分校，正校在人所皆知的大坑道。校長何中中（1906-1979），是美國哥倫比亞大學的教育博士，自小立志為嶺南的女子辦好教育，推動男女平權，與那夏禮的理想一脈相承。

真光、培正，雖是美國教會創辦，卻一概以中文授課。何中中和九龍塘的真光校長馬儀英皆溫文儒雅，兩雙奠定了真光的教育人文精神：結合中西文化精髓，以儒家思想裡婦女的賢良淑德，與美國基督教會的博愛精神雙結合。

真光校徽。「真光」宏揚的基督博愛精神，深植童年阿咩的腦際。

在那個年代，有何中中校長這樣的教育家先驅，自小讀私塾，中文根底紮實，然後又放洋美國，中西文化兼視。回過頭來，又點蒼於珠江的山色，擷秀在嶺南的波影。真光培育了林燕妮、李碧華、張小嫻，乃香港文壇三花。

手提藤書箱的小阿咩在「兵頭花園」漫步準備上學

楊液池立志培養楊宇杰走一條親西方、入英美的康莊大道。楊以壯年能開一輛英國積架牌房車，甚為自豪，那時加上一擊即中，得此家寶，後繼香燈，在朋輩之間，鋒頭一時無兩。

楊液池對楊宇杰悉心栽培，時時帶他到附近的兵頭花園散步。

「英女皇」之父佐治六世在「兵頭花園」銅像。阿咩出生時他仍在位。

　　三、四歲的楊宇杰眼中的世界，背山面海，一隻小手拖著父親，在樹影婆娑的兵頭花園漫步。父親帶他看巍峨的英皇佐治六世銅像，指著說：「這個就是大英帝國至高無上之皇。」然後與楊宇杰轉身，走到兵頭花園的平臺，隔著一個噴泉，又指著不遠的港督府：「那就是港督葛量洪住的地方。」

童年阿咩看到米字旗下的港督府。從堅道居所步至此只需半個小時。

年幼的阿咩，對於甚麼英國大皇帝、港督葛甚麼洪，似懂非通，一知半解，咧著一張嘴巴傻笑，但見維港黃昏，夕陽西下，波光瀲瀲，遠處的獅子山，浮紫爍金，只覺得這個世界是何等美好。

　　楊液池帶著兒子也無限感觸：此時他從前在廣州的同學，逃不及出來的，身陷大陸，傳出來都不是甚麼好消息。有的要接受「思想改造」、有的杳無蹤影。幸好自己選擇的大方向正確，跟著美國人的步伐，認定星條旗的圖騰，來到香港。雖然寄寓海角，眺望天涯，西關大少不知何時能返回廣州。但殖民地都市，街道整潔，法治彰明，楊液池隱隱覺得，自己這個兒子，如果能成材，在這片福地發展，一定前途無限。

舉家遊「兵頭花園」。阿咩六歲時與父母、兩位弟弟及四姨媽、十八姨和表姐同遊香港植物公園。（1957 年）

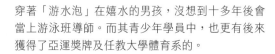

穿著「游水泡」在嬉水的男孩，沒想到十多年後會當上游泳班導師。而其青少年學員中，也更有後來獲得了亞運獎牌及任教大學體育系的。

但是，已經敏感地注意到父親時時一套筆挺的西裝，提起美國西方文化就眉飛色舞，相反母親何玉清在這方面較為沉默。何玉清戰後畢業於嘉諾撒聖心書院，在五十年代，能中學畢業的已經是天之驕子——香港第二任特首曾蔭權也只是華仁中七畢業的學歷，那時已經能考進香港政府當行政官，日後再到哈佛進修，方更上層樓。但初時何玉清只想當個家庭主婦，專心教養阿咩三兄弟，對於甚麼左右對峙之類的政治意識並不太熱衷，只是勤儉持家。

楊液池對阿咩言必美國：美國總統羅斯福、大將軍艾森豪威爾，面露驕傲自豪的神色。年幼的阿咩，哪裡懂得甚麼殖民地史、第二次世界大戰、美國總統英國總督之類的大道理和大名詞，但見兵頭花園有許多衣著光鮮的洋人，香港的半山有許多堂皇的洋樓，但一下山，在德輔道中的電車路旁，汗如雨下拉黃包車的腳伕，衣衫寒酸，骨瘦如柴，卻又清一色是黃皮膚。阿咩大為困惑，問父親：「爸爸，我是甚麼人？」楊液池一臉嚴肅，告訴阿咩：「你在香港出生，你是殖民地的英國人。」

廣州探親變生肘腋

何爾昌帶著年輕妾侍郭素勤到港，1927 年誕下四房長女何玉清，其後四個妹妹及兩弟均在港出生。後來，何家把部份子女送回廣州讀書。戰後，四房只有排十六的玉清和排十八的玉儀留在香港。內地解放後，在廣州的所有子女都不能回香港了。儘管如此，何家在香港的人口仍然不少，故僱有幾個女傭。幾個女傭都屬共用，誰有需要便會被分配去侍候。何玉清誕下楊宇杰後，何家便把其中一個女傭崧姐分配到楊家幫忙照顧小少爺。二子宇恆出生後，又更獲多分派了另一個女傭金義姐。

崧姐是順德「自梳女」，一口鄉音，穿一身黑膠綢衫褲，但有中國婦女傳統美德，任勞任怨，而且極為忠誠，稱阿咩為「大官」，阿咩三四歲時就看著崧姐在廚房用一個石磨磨豆漿。年幼的阿咩，聽著她唱順德水鄉的兒歌，但覺大地造化，神奇至極。那時的木樓沒有浴室，崧姐在廚房用一隻大木盆，以柴燒火，水燒開以後，倒在浴盆裡，調教好溫度，替「大官」沖涼抹身。

何家保姆榮休，由她倆湊大的何家兩代設宴歡送合照。阿咩（前左一），咩母（三排右三）等出席，感謝金義姐（二排左二）及「自梳女」崧姐（二排右二）的撫育之恩。

阿咩至今記得，堅道五十年代初的童年，幸福而快樂。只有 1956 年這一年的農曆新年，母親何玉清帶他第一次回到共產黨統治下的廣州，官祿路（現名「觀綠路」）何家大宅探外婆。回廣州之前，何玉清令阿咩身穿兩件棉襖、三件羊毛衣、兩條羊毛褲，似裹蒸糉一樣。

母子清晨由九龍尖沙咀乘九廣鐵路。這是阿咩第一次見外婆，這時外婆不再是妹仔妾侍，已經翻身，社會地位大大提高。外婆見到大女兒的長子，十分高興，總是笑盈盈的，對阿咩十分疼愛。

　　這次廣州之旅，父親並無同行。阿咩眼中第一眼的紅色中國，但見燈火灰暗，留在廣州的幾個阿姨，分別排行十七、十九和二十。雖然她們的裝束和髮型，樸實之中，有幾分寒酸，與堅道半山和中環那西裝旗袍的繁華世界，是兩種光景。然而，她們的精神面貌卻令阿咩印象深刻：意氣昂揚，常帶著樂觀自信的笑容。尤其是二十姨何玉芬，長得非常漂亮，阿咩年紀雖小，但已懂得「欣賞」美女。何玉芬在中山大學畢業後，被分配到籌辦中的廣東省電視台，成為該台第一代主持，電視台開播，正是由她在熒幕上宣告的。

何玉清帶六歲的四房長孫阿咩初上廣州，見外婆和居穗的姨媽舅父、表弟妹。

二十姨何玉芬，人稱「東方柯德莉夏萍」。

母親與幾個姊妹見面，熱情無限，在燈下的家中，低聲閒話家常。阿咩瞪著一對好奇的眼睛，大人的話，一句也聽不懂，尤其是當十七姨（後來成為中山大學醫學教授）告訴母親，何氏家族的生意，已經「響應國家政策」，實行「公私合營」。深夜還沒睡著，他聽到十七姨跟母親細語，時而慷慨激昂，母親聽得入神，還不時點頭。

這次廣州之旅，對何玉清有深刻影響。兩年之後，她決定結束主婦生活，很快在西環的招商局找到一份文職。

招商局在 1872 年由直隸總督兼北洋大臣李鴻章下令成立，招攬一批從事洋商名下輪船航運業的買辦，企圖借助西洋的航輪經驗，發展民族的航運企業。清末之後，招商局在北洋政府時期，逐步壯大，更在香港建立據點。

上海外灘 9 號，原美國旗昌洋行總部，後售予李鴻章創辦的招商局。這幢大樓存著「買辦基因」。阿咩爺爺為美旗昌「買辦」（廣州）。母何玉清則為國企招商局水運經理（香港）。

1949 年，招商局員工也很識時務地，與當時的紅色中國掛鈎，宣佈起義。從此，被中共收攬為「黨產」，成為國營機構，直屬中央交通部，在香港是紅色中國對外航運的一扇窗口。

母親出來求職，為何一擊即中，就進了招商局呢？原來不久前的廣州之旅中，幾個妹妹已經向姊姊「做思想工作」，向從香港回來的姊姊曉以「革命大義」，告訴何玉清：你英文好、教育水準高，不應該在香港過小資產階級的少奶奶生活，應該將所學貢獻給新中國。她們極力游說大姐回香港後，投效「愛國單位」，面向世界，招商局是最佳選擇！

何玉清受姊妹的左傾思想影響，回來香港，很快就與丈夫因各自的政治思想意識，產生了一點異見：一個親中、一個崇美，冷戰思維，竟入侵了阿咩的父母。

堅道悠閒快樂的童年

那時的真光是中產階級的一座名校。宗教氣氛濃郁，一天兩次祈禱，時唱聖詩。「非以役人，乃役於人」的基督精神，深植學生心中，阿咩枕邊還有一本《新約聖經》陪他入睡。學校每星期評論品學，會向學生致發「良好公民」的獎狀。真光女師長一身湖水藍的旗袍，女校長何中中戴一副金絲眼鏡，偶而從大坑母校到堅道分校來巡視。

小學四年級，阿咩年方九歲，班上有一個女同學，名叫翟惠洸。翟惠洸一頭短直髮，一對大眼睛，這個「翟」姓很特別，她還有一個妹妹翟惠華，與阿咩的三弟宇輝同級，也在真光。

課堂裡的好友，還有一個叫尹可磯。尹可磯靈活可愛，與楊宇杰稱兄道弟，兩個小男孩，加一個翟惠洸，兩男一女，意氣相投，時時在學校的操場玩捉迷藏，偶或互溫功課，並稱小學三劍俠。

翟家合照。翟惠洸（右二），為阿咩同班同學，其妹惠華（左二）則與咩弟宇輝
同班，其父翟暖暉（右一）、母錢靜嫻均為出版印刷界達人。

　　真光小學對中文的訓練也嚴格。少年阿咩，在真光小學的教育下，
也喜歡看各類中文書籍，所以中文根底打得好。他很早就接觸宋詞，
初讀愛國詩人陸游的作品，喜愛不已。

　　陸游的名作「死去原知萬事空，但悲不見九州同，王師北定中原
日，家祭毋忘告乃翁」。楊液池向兒子朗誦這首詩時，別有懷抱，感
受的是 1949 年神州的陷落。但楊宇杰聽了，覺得生而愛國，是中國人
的天職。

　　小學五年級的暑假作業，作文自由發揮，十歲的阿咩即以陸游生
平為題，寫了一篇萬字暑期作業〈陸游傳〉。對陸游與表妹的愛情，
早熟地顯示了嚮往之情。阿咩也深為陸游的釵頭鳳之詞藻與結構所吸
引。「紅酥手，黃藤酒，滿城春色宮牆柳。東風惡，歡情薄。一懷愁緒，
幾年離索。錯！錯！錯！」

　　為甚麼深情一腔，到頭來以三個「錯」終局？對人付出，或對中
國付出，為甚麼是錯呢？是因為世界太複雜，人性太豐富嗎？

〈陸游傳〉甚受真光小學老師的注意。六年級開學不久，老師把他叫到桌前：「這篇〈陸游傳〉是你寫的嗎？」阿咩點頭。老師說：「陸游的悲歡離合，男女愛情，你這個年齡不會懂得多少，也不應該瞭解得太深入。你還是多讀點李白的『床前明月光』，對你比較有益。」

阿咩抬頭，一臉狐疑，似懂非懂的點點頭。天生多愁善感的他，也曾問過翟惠洸這首詞是甚麼意思，看見翟小妹妹一對大眼睛，黑色的瞳孔，浮影著小學校園的高牆，阿咩第一次感到有點茫然。

與尹可礫和翟惠洸混熟了，才知道尹可礫父親尹任先，初為《大公報》經理，1955 年之後，做了《新晚報》的督印人。而阿咩當年也無法想像，十年後，他竟在尹任先的《新晚報》當上了小編輯。翟惠洸爸爸翟暖暉是番禺人，小時在番禺上私塾，後就讀於廣東省立藝專，早在「解放」前的兩年就移居香港，結婚誕下二女。當時在香港與李少雄合資創辦了一家南昌印務公司，承印了幾份香港外圍左派報紙，一度包括後來扭轉了阿咩生命軌跡的左派學生精神刊物《青年樂園》。後又與世界書局的郭湛合資創辦了一家出版社，名叫宏豐圖書公司，以出版教科書為主。

翟暖暉年輕時曾參加中共領導的「新民主主義青年團」，雖然淵源不深，也是那時代年輕人的風氣，或許基於這一點，以後的一場風暴，莫名其妙地遭受浮生一劫。翟惠洸剛好也住在堅道中環半山，楊翟兩戶並無通家之好，楊液池也不認識翟暖暉。年幼的阿咩在翟家遊玩時，也只匆匆見過「翟叔叔」一面，那時他早晚上班，打理印務公司工作，也沒有閒情向阿咩自我介紹。但沒有想

與阿咩同為「赤柱囚徒」的翟暖暉，是香港史上唯一因「印刷罪」，被判入獄九年的政治犯。

到的是，在十年之後，換了另一個時空，阿咩卻與這位女同學的家長，在中央裁判司署電光火石之間相遇了，竟同時淪為「赤柱囚徒」，更不用說在他身後替這位翟伯伯扶靈，這都是後話。

尹任先和翟暖暉，不約而同，都把子女送到了基督教學校，又與阿咩在同一條命運的軌跡桃園初結，因緣初會。尹可磯和翟惠洸，跟阿咩遊玩的時候，沒有講到甚麼政治，但阿咩總覺得這對童年玩伴的氣質，與學校其他的小孩有點不一樣。還有一位低阿咩一班的女同學叫楊新兒，常跟著翟惠光和他們「真光三劍俠」玩。她日後成了特區立法會主席曾鈺成的第一任妻子。

「赤柱大學」同窗四十五年後，阿咩與翟暖暉（前左一）重逢在胡棣周喪禮上，隨即與「老同學」蕭滋（後左一）、許雲程（前右一）等茶聚，《南華日報》記者張家偉（後右一）應邀出席。幾年後，翟暖暉離世，阿咩參與扶靈。

堅道的唐樓，空間闊大。秋涼的時候，三兄弟到天臺上放風箏，中秋賞月，隔著一堵石欄杆，遙遙看見黃昏維港的燈光，夢一樣的浮漾在藍夜裡的維港。遠處的獅子山，山影獸伏，山外就是一片遙不可知的神州。

小學的功課不特別繁重，楊液池間中會帶兄弟三人步行到山下吃西餐、看美國電影，一次，父親帶他們到中環娛樂戲院看《和平萬歲》（*On The Beach*），主角是格力哥利柏、阿娃嘉娜、弗烈雅士堤。電影以「未來」的 1964 年為背景，幻想不久之後爆發第三次世界大戰，動用了原子彈，男女主角由美國逃亡，橫越太平洋到澳洲。電影的基調是灰暗的，但在戰爭中，祈求和平，主題是樂觀的。

電影《和平萬歲》，令阿咩萌生了「世界末日」的恐懼和反戰的思想，也潛意識植下了澳洲會是地球最後一片淨土的憧憬。

「1964 年？多麼遙遠的將來！」十歲的阿咩，看到電影的字幕。四年之後，我會是甚麼樣子？這個世界又會如何？

散場，阿咩拖著父親的手，步行回家，楊液池向他講解世界大局美蘇冷戰。阿咩一知半解，只記得從這電影感覺核戰之可怕，也影響他成家後尋找和平樂土，選擇了澳洲。一抬頭，堅道的蜃樓依稀，炊煙四起，母親在家裡燒好飯，溫暖的家園就在眼前。

阿咩眼中的父親，儀容古肅，衣著像銀幕上荷李活電影的男主角：有三分堪富利保加的威儀、三分格力哥利柏的知識分子型氣，另有四分則像「華南影帝」吳楚帆的儒雅。

阿咩亦常與兩個弟弟捉迷藏，有時又到尹可磯和翟惠洸家裡遊玩。學校離住所很近，阿咩從一年級開始，每天步行上下課。下課回家時，幾個同住附近的孩子會結伴同行，經過衛城台對面鄰近堅道111號的一家花園大宅，抬頭看見高牆之內有一株蓮霧樹。若見枝上的蓮霧熟了，幾個孩子便會偷偷自沒上鎖的大閘走進花園，爬上樹去摘食。

阿咩還記得，那大宅的斜對面就是著名的甘棠第，現在已成了孫中山紀念館，為何東家族的何甘棠擁有。何甘棠的子姪也就讀真光小學，故曾邀請過阿咩到他們家遊玩。

童年的歲月，悠閒而快樂。

甘棠第圖，位於阿咩居所斜對面、兒時他曾到此玩耍，如今為孫中山紀念館。

第二章 家逢巨變

堅道歲月

　　五十年代的堅道，到處是櫛次鱗比的洋樓，樓只高兩至三層，有些還有地庫，地庫也住人，有露天鐵樓梯通向路面。

　　洋樓空間闊大，通常一梯兩伙，住在三樓的還可以佔有天臺。每逢中秋佳節，家長在天臺賞月看花燈，子女就可以在天臺互相結識。洋樓的天臺欄杆都很矮，下瞰中環和維多利亞港，然後是尖沙咀、旺角和九龍城，千家萬戶，在氤氳中一直延伸到巍峨的獅子山。

　　小孩混熟之後，可以從一家的天臺，逐一跨欄到一條街的街尾，與各棟唐、洋樓的孩子一齊遊玩。

　　年幼的阿咩，在堅道 111 號一梯一伙的洋樓天臺度過了難忘的童年——除了與弟弟和鄰居的孩子一起玩捉迷藏，還在天臺放風箏。穿一對膠拖鞋，站在天臺頂的石欄，下臨無地，嬉戲追逐。今日看來，險象環生。父母謀生於外，哪裡有時間照顧小孩的安全？那個時代的「港孩」，並無家長的驕縱，也不知危險為何物。但在「天生天養」的達爾文環境之中，造就了闖蕩天地的性格和勇氣。

　　年幼的阿咩眼中的世界，就在腳下：只見兵頭花園的樹影、堅道天臺放風箏的雲彩、山下中環車水馬龍的繁囂、維港對岸獅子山嶙峋的山景，然後是大宅裡兩位女傭金義姐和崧姐一個喊「少爺」吃飯、

一個催「大官」沖涼的慈愛的聲音。

　　真光小學在街道另一端不遠。

常到天臺放風箏的阿咩，童年時從半山堅道家居看到的維港中環。

小學六年在堅道真光小學渡過，難忘每天兩次的祈禱，唱聖詩。

阿咩記得，在真光小學當女校男生那六年，日子很快樂。老師每逢聖誕節還扮成聖誕老人，在禮堂派禮物，又帶領著阿咩等小朋友們到街上報佳音。戰後十年的香港，市面開始繁華而輝煌。每年聖誕節，楊液池都會帶著阿咩三兄弟，到中環的安樂園餐廳吃聖誕大餐。父親勉勵孩子用功讀書，將來去美國升學。阿咩吃著羅宋湯、牛扒大餐，抬頭看著窗外百貨公司對面的櫥窗，展示著耶穌降生在伯利恆的馬槽。

　　其時香港因有上海產業南遷，經濟復甦，百廢待興。永安、先施、連卡佛，還有告羅士打行。殖民地聖誕燈飾亮起，沿著電車路，像一條金銀光閃的驕龍。中上環也有很多書店：除了古老的三聯，上環的皇后大道電車路旁，先施公司過去一點，「上海書局」就在唐二樓。附近還有一家專賣外文書籍、宣揚「新中國」成就的「和平書店」及一家南洋資金開辦的「世界圖書公司」。短短的一截街道，已經是意識形態的角力場，不同政治勢力的書店，皆門庭若市。

　　父親與爺爺、叔父做生意很忙。但有一夜回家之後，父親好像覺得對這個大兒子關愛不夠，拿著一本剛買來的《古文觀止》打開其中一頁。

　　「過來，爸爸教你讀書，」楊液池說，拉著阿咩，坐在書桌邊，翻開一頁：「這篇古文，叫做〈滕王閣序〉，是我國古典的名篇，現在爸爸教你唸。」

　　父親一句句朗讀起來：「物華天寶，龍光射牛斗之墟；人傑地靈，徐孺下陳蕃之榻。」讀一句，阿咩跟一句。小孩子發現平時看過的詞語，像「千里逢迎」、「高朋滿座」、「漁舟唱晚」、「萍水相逢」、「物換星移」，原來皆有出處。

　　「你喜歡寫文章讀詩詞，很好。」楊液池唸完一遍，看著兒子說：「中國文化博大精深，要寫好文章，不能不讀古文。中國的文字，駢

四驪六，像這篇〈滕王閣序〉，就有自己的格局。」

阿咩拿起書，又從頭看一遍，只見其中辭章華嚴。雖然有幾句成語面熟，但通篇的主題卻一點也不明白。

「你現在一知半解是正常的，」楊液池說：「古文不是寫給小孩看的。這篇文章講一個讀書人登高望遠，然後觸景傷情。譬如這一句：『天高地迥，覺宇宙之無窮；興盡悲來，識盈虛之有數』。將來有一天，你可能爬到高處，也會活到我這把年紀，你就會明白人生的意義是甚麼。」

「爸爸，滕王閣在甚麼地方呢？甚麼叫做『序』呢？」阿咩問。

「滕王閣是中國四大名樓之一，在江西省，當然不在香港了。」楊液池說：「我國地大物博，將來有天爸爸會親自帶你去滕王閣，讓我們細味王勃當日的心情。」楊液池看見兒子終有受點化的跡象，面露一絲安慰的微笑：「至於『序』，是一本書的開頭介紹，英文叫做Preface。我選擇一本書，往往看那篇序寫得好不好。『序』是將一件複雜的事，簡單說一遍。你這個年齡，在人生的長卷中，第一章還沒有到，還只是『序』呢，而這個『序』是你爸爸我，替你點題的。」

然後，楊液池教他欣賞文中的對仗、音韻，一字一句，用廣東話朗讀起來。阿咩似懂非懂，卻又覺得中國文字結構美學，非常神奇。遂把一篇〈滕王閣序〉唸得滾瓜爛熟。這也影響了阿咩文青年代書寫散文的風格。

父親引導阿咩欣賞古文的同時，母親對阿咩功課的督導也十分殷勤。每一樣功課在燈下審閱，尤其英文和數學。母親絕不放鬆，有時阿咩疏懶，英文生字串錯，母親生氣起來，書本往桌上一拍，藤條侍候，看得出心情不好的母親，連同平時阿咩不能明白的一片牢騷，向他發洩一通。

▌父母離異

阿咩十歲那年升讀小學五年級，為了升中，母親開始大為操心。阿咩記得那一段日子，父親開始愁眉深鎖，心事重重。他們計劃搬離堅道的洋樓，遷到不同的地方住，連祖母也不再同住。

原來售賣化學教學用具的公司生意不景，銷情未如理想，還欠下十多萬元債。

這一天，父親帶阿咩上公司，只見存貨堆積如山，「鴻發行」的招牌，已斜倚在牆角。楊液池告訴阿咩：「貨賣不出，公司破產，寫字樓要關門了。」

爺爺是「十三行」買辦、父親當過化工廠廠長，但父子兄弟合辦的化學教學儀器公司破產了。「五叔」被迫出逃南美委內瑞拉，一生未歸。但債，還是要還的。家中長子楊液池將公司結束之後，把心一橫，心想，自己嶺南大學畢業，一定能在官校謀到一份薪優的教席。可養家活兒，也可還債。

那知道四處張託，也去過面試官中。教育官當初態度熱情，看過他的履歷——1937 年入讀廣州嶺南、1940 年在 HKU 發表畢業論文，都說沒有問題，說教務有空缺，著其回家等候核實，盡快來執教。豈知後來了無音訊，如石沉大海。

楊液池託人查究，得回來的原因是：因為你太太任職有中共背景的招商局。當時進官校任教是公務員，必須通過政府的政治背景審查，你很可能過不了這一關。

求職處處碰壁，即使是嶺南大學的高材生，幾時受過這樣的委屈？父親開始在家裡對母親諸多怨言：「都是你的共產黨背景，弄得我謀一份教席也難！」不知是否也想起「解放」後留在順德，跪玻璃致死的「地主婆」曾祖母。

何玉清性格倔強，絕不服氣，反唇相稽。楊液池進而叫太太辭職，何玉清不允。

　　一晚，兩人又因此事爭吵起來，楊液池不堪壓力，竟出手打了妻子幾拳。

　　這場因政治而爆發的武鬥，在三個兒子眼前進行。二弟宇恆、三弟宇輝，都看見父親向媽媽揮拳，嚇得目瞪口呆。小弟弟「嘩！」的一聲，哭了起來。身為大哥的阿咩，只得挺身阻攔，也被父親推開。何玉清哭了起來，當晚就走進房間收拾細軟，嚷著要離婚，幾個孩子一面哭、一面抱著母親的腳，但母親仍頭也不回，走出了家門。父母為甚麼爭吵？為何母親要停止工作，父親才可以當教師？母親走了，恍如世界末日。三兄弟不理失魂落魄的父親，回到自己的房間，當夜哭聲不絕。阿咩勸慰最小的宇輝，三個小孩在一片不安中相擁著，睡過去了。

　　過了幾天，母親回家再收拾衣服，對孩子吩咐了幾句，又走了。敏感的阿咩意識到，媽媽捨不得三個孩子。由於政治立場的鴻溝越來越尖銳，楊液池視人生事業的挫折，乃拜妻子背後的共產黨所致。這不僅是心中的一條刺，而是夫婦之間一道無形的「柏林圍牆」了。長大後的阿咩回望，母親當時是否「家國兩難全」呢？

　　這幾年，母親離家時間越來越長，回家越來越少，阿咩留意到就算父母在家，也貌合神離，除了一般家務交流，沒有甚麼親和的表現。有時父母兩人關在房間，阿咩與幾個弟弟在外玩耍，聽到房中傳出激烈的爭吵聲，房門猛然打開，母親怒氣沖沖走了出去，父親也一面怒容，然後又一片沉默。

　　在一個十歲小孩的眼中，父母不和，引來無窮的困惑和憂慮。從小，課本都教導：「爸爸上班，母親燒飯。父慈子孝，其樂融融。」但在自己的家中，阿咩卻感受到一絲不祥的裂痕。

有時父母雖還帶著自己吃西餐，但只各自與兒子們交談，彼此互不理睬。

五六十年代，香港處於極為複雜的國際環境。在美蘇冷戰之中，阿咩父母也處於激烈的冷戰狀態。夫婦倆爭吵不斷，性烈的母親也不只一次搬離半山的家。在這個撕裂家庭中的三個男孩，開始懷疑母親，是否愛國比愛兒子更甚。也埋怨一向斯文的父親，竟動粗把母親逼走。

香港進入六十年代，戰後喘息甫定，經濟得以起飛。大陸1958年「大躍進」失敗，國防部長彭德懷在「廬山會議」上萬言書，遭到毛澤東批鬥。1962年1月，中國國家主席劉少奇召開「七千人大會」，繼續檢討「大躍進」饑荒的錯誤。「七千人大會」針對「偉大領袖」，是中共黨史上論人數史無前例的逼宮問責大會。毛澤東在台上遭到劉少奇婉轉的質問「三分天災，七分人禍」，退居二線，從此埋下「文化大革命」的報仇之因。

同年，香港邊界的梧桐寨，湧現大量來自廣東，翻山越嶺的饑民。他們投奔英國管治的殖民地，並不為思想或創作自由，只求可果腹飽餐。1962年的饑荒大逃亡，令香港人口再度急速膨脹，廉價勞動力大量過剩。

饑民入境，香港殖民地政府一時慌了手腳，即使石硤尾大火後迅速大量興建徙置公屋，也追不上難民大量湧入。從此，港九幾個山頭，出現了依山陋築的木屋區，香港基層生活因為大陸共產主義試驗之失敗，為香港帶來新的負擔，因此物質更匱乏，收入微薄，也只能各自求存營生。

香港的貧富懸殊，比起五十年代初期並無改善，反而更為尖銳。窮人帶著子女來香港，加上逃來的年輕人結婚生子，令香港年青人口大增，教育需求也異常迫切。

正如法國大文豪普魯斯特（Marcel Proust）的《往事追憶錄》（或譯作《追憶似水年華》），年幼的男主角對法國的童年生活，只憑視覺、嗅覺、味覺紀錄和經驗了一切細節。然而普魯斯特的童年，卻經歷了十九世紀末一個動盪的時代。

升讀金文泰

殖民地政府經過 1949 年後，十年經營，形勢底定。政府開始改善教育政策。戰前民間開設的書院逐漸關門，政府漸設立更多的官立及資助中小學。而且為香港漸見規模的工業經濟，開始築橋搭路，設計一個實業出口型的新香港。

小學六年級，阿咩患得患失地參加了 1962 年，全香港第一屆升中試。當年考生二萬七千餘名，獲派官立及資助中學學位者共七千餘。阿咩成績尚算不錯，獲派第三志願的金文泰中學。

1926 年創校的金文泰中學（前身為官立漢文學校），於 1961 年遷校至北角炮台山道至今。

入讀金文泰中學是父親的建議。獲得取錄通知書之日，阿咩很高興，覺得人生新的階段開始了。但對「金文泰」之名，卻不甚了了，只覺得有一個「金」字，特別有氣派，果真榮華富貴，由此而通？

金文泰中學在北角炮台山道，是全港第一所由英國殖民地政府開辦的中文中學。金义泰（Sir Cecil Clementi）1925年來香港出任總督，本來就精通中文和粵語。他熱愛中國文化，是當時倫敦「皇

香港第一家官立中文中學的金文泰以「文」「行」「忠」「信」為校訓，為木鐸。

金文泰爵士為香港第十七任港督（1925-1930）。熱愛中國文化，任內開辦香港大學中文系。

金文泰90周年校慶，「金文泰爵士獎學金」聯合創辦人阿咩，接待了前港督的孫子 Sir David Clementi，參觀校舍新翼由阿咩捐贈的「楊宇杰綜合活動中心」。

家亞洲學會」的會員。

金文泰治港，與歷任港督不同。他的中國文化背景，令他更瞭解和同情基層的中國百姓。金文泰喜歡旅行遊歷，曾到珠三角尋訪水上人，搜集民謠，譯為英文。金文泰到任後，香港紳商周壽臣、羅旭龢、馮平山、劉子平等（香港影視專家劉天賜的伯公、學者劉殿爵之父），在中環華人行華商俱樂部開會，聲稱香港人口，以華人為主。今天已經是二十世紀，大陸民國政府，振興教育，紛紛也要求香港政府撥地，建立一家中文中學。

在教育司推介下，金文泰一口答應。一年之後，「官立漢文學校」開課，沿用此名，一直到太平洋戰爭結束之後的 1951 年，為紀念金文泰功績，「官立漢文高級中學」方正式改名「金文泰中學」。

「金文泰中學」校風嚴謹，因為是第一家以中文教學的官立中學，背後有一大批承傳嶺南人文精神的香港廣東商紳大力支持。校長、教師一向都熱心教學，隱隱覺得，肩上這副擔子，不比尋常。

1962 年金文泰中學中一乙班。一排左三是阿咩，右一為前 TVB 節目主持人葉特生。

由於地位獨特，金文泰是官立中學，故雖處身英殖民地，也不必避諱，可以正面宣講中國古典文化。阿咩就讀金文泰時，教國文的老師溫中恆，長年穿一件舊絨袍，一派儒者風範，講唐詩宋詞，旁徵博引，深不可測。還有兩位國文和歷史教師戴榮鉞、劉偉之，一個身型高大，不怒而威，在黑板上一手粉筆字，路走龍蛇，奔放如黃河決堤。劉偉之身型矮小，粉筆字，一手楷書方正圓融。這三位教師都曾在民國時代在廣東當過法官。

　　訓導主任李守誠有時也兼代幾節歷史課。上課前要學生先熟記課文，然後任意挑選幾個學生站出來講解，一旦啞口無言，即刻罰站。

　　金文泰雖然以中文教學，但中英並重，英文水準一向也很好。數理的成績也名列前茅。化學教師曹松齡與阿咩的父親份屬同學，也畢業自廣州嶺南大學化學系。開課第一天，楊液池便帶阿咩親上金文泰中學，求見曹松齡，囑此同學照顧其子。生物老師鄺慎枋也是一位謙謙君子，在金文泰任教期間，鄺先生曾追隨錢穆，被借調到九龍的新亞書院，創立生物系。慎枋老師老當益壯，於 2020 年，金文泰校長、師生、校友包括阿咩，在校為他舉辦百年壽宴。因楊液池在七十年

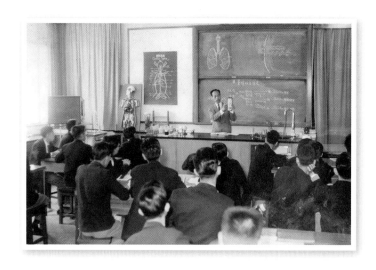

生物教師鄺慎枋在金文泰中學實驗室授課

代在金文泰的官立夜中學教化學，與教生物的鄺慎枋份屬同事，故鄺老師對阿咩份外親切。教美術的是水彩畫家靳微天，靳微天還有一個妹妹靳思薇，是香港五六十年代水彩名家。

鄺慎枋一百零一歲，阿咩到渣甸山公務員宿舍老師家中賀壽。

1949 年，南來的南北知識精英，由於學歷普遍不獲殖民地政府承認，投考政府官職路路不通，許多只能棲遲在中學一展抱負。中文老師想起山河破碎，教起古典文學也一腔悲情，恨不得三兩節課，就將上下三千年的精典傳授給眼前的孩子。

此時，阿咩與父親感情疏離，而母親何玉清由時時離家，演變為長期出走，在招商局安排之下，在西營盤的西邊街租了一間梗房，寧願獨自居住，也不願回來。

中三這一年，阿咩已很少見到母親。媽媽一年才回來四五次，每次都趁父親不在之際，為三兄弟燒飯煲湯。而阿咩自己，也因同班同學梁中昀的關係，結識了學校的師兄謝鏡添，跟隨他參加了一份叫《青年樂園》周報的讀者活動。

這份報紙在五花八門的報攤之中，擺設的位置並不起眼，在娛樂和婦女雜誌夾雜之間，還與另一份《中國學生周報》並列。雖兩者均以中學生為對象，仔細看風格內容隱然有異：《青年樂園》比較文藝一點，研討功課和人生，《中國學生周報》有很多美國和歐洲的文藝

和電影資訊，兩者的園地部份公開，除了有自己的專欄作者，還接受喜歡寫作的學生投稿。

阿咩還在課餘當《青年樂園》的派報員賺取外快，從此，花在《青年樂園》報社的時候比在家的時間還多，後來甚至搬到謝鏡添在大坑山上的木屋居住，回家睡覺的時候少。

因為時代的轉變出現裂痕，只是裂痕尚可縫補，但 1965 年暑期發生了一件事，卻令阿咩的家變有如大江東去、覆水難收。

家變既成定局，團聚已成絕響。一家五口日後各散東西。

▎三弟被騙上廣州

有一天，在外居住的母親，打來一個電話，告訴阿咩：「我想找你三弟宇輝，怕他不出來。現在你爸爸將你三兄弟看得太緊。不如你告訴宇輝：媽咪想念他，想約大哥跟他一起去沙田踩單車。明天下午放學後，我們在尖沙咀火車站鐘樓見吧。」

母親為甚麼打來電話？阿咩原以為一定是母親掛念三弟了，宇輝聽見也滿心歡喜。母親離家多月，大哥又常常在外不歸，只與二哥兩兄弟在家。父親又為生活奔波張羅，早已沒有以前一家闔府吃西餐、遊兵頭花園的樂趣。現在聽見大哥要跟他踩單車，就開心地答應了。

第二天，宇輝興高采烈地獨自出門，乘搭天星小輪過海。上岸見到巍峨的鐘樓，而衣著淡素的母親，提著一隻皮箱，早已等在火車站門口。

三弟見到媽媽，喜不自勝，問：「媽咪，哥哥呢？」何玉清說：「哥哥不來了，不用管他，我們走吧。」原來，何玉清帶著楊宇輝登上火車，不是去沙田踏甚麼單車，而是直奔大陸廣州。

原來母親思想日益愛國，離家之後一直不放心兒子的教育問題，尤其掛念幼兒宇輝。想到祖國進步，何家母親姊妹都在廣州，不如將幼子送回祖國大陸，接受紅色教育，好過留在思想落後的楊液池身邊。

然而，因為溝通隔絕，何玉清根本不想見丈夫，又不能老實對長子說，只能利用他撒一個謊，將小兒子哄出來。

親母帶回兒子，不構成拐帶罪。只是踏上火車，一路北向，幼小的楊宇輝還以為火車在沙田停站，豈知母親握著他的小手，經大埔、粉嶺，直奔羅湖。

此一突如其來的旅程，就此兄弟分隔。在火車上，楊宇輝有何感受？與母親有甚麼對答？這一切，許多年後，俱已不可稽考。外婆和幾位阿姨、姨媽早在廣州伸開臂膀，等待小宇輝的回歸。

那一天，阿咩沒有想過，對三弟這一哄騙，為小弟弟的命運無意中造就了悲劇，多年後再相見，已如隔世。記憶和鐵軌一樣，看不到盡頭，從此留下的一份疚歉，也與回過頭來維多利亞港的海與天一樣空洞遼闊。

回到家中，楊液池發現少了幼兒，驚恐萬狀，責問阿咩三弟哪裡去了。阿咩直道，母親約了三弟去沙田踩單車。楊液池晴天霹靂，知道事情恐怕沒有那麼簡單，一拳搥在飯桌上咆哮：「衰仔！誰叫你把三弟交給你媽？有太多事情你不明白的！」罵完一通，楊液池一怔，心想：領走三兒子的確實又是他的生母，阿咩才十來歲，對此能有何防範？再呵責他又有甚麼用？兒子又怎能明白家庭間政治的複雜、人心的莫測？

不過，楊液池亦不免將阿咩視作出賣幼子宇輝的幫兇，無奈之餘，也漸對阿咩漠不關心。三弟的離家，造成父子之間更大的疏離，阿咩對父親有了更深的芥蒂。家庭的破裂，令他深為困惑，而且漸步入青春期，性格開始叛逆外向，覺得同學朋友比父親和弟弟可親，也樂得不歸家，任由父親與二弟宇恆兩父子相依為命。

楊宇輝這一去，六年之後才回來。

他到了廣州，未幾即遇上文革，根本讀不成書。姨媽把他送進廣州的中學，很快就做了紅衛兵，而且改從母姓，易名「何宇輝」，以示與楊家劃清界線。宇輝畢竟是上進青年，後來努力，考進廣州外語學院攻讀俄文。阿咩沒有在弟弟往前火車站邁進這一步關鍵之際，把弟弟拉回來；這輕輕一推送，改變了一個少年終生的命運。

宇輝隨母留廣州數年。文革期間，
常訴說吃不飽及腸胃不適，健康
一直欠佳，中年病逝於香港。

家中只餘下父親與二弟宇恆。

宇恆進了聖保羅男書院。阿咩有時回到北角書局街的家，看見真正的家徒四壁。父親時時獨立窗前，唉聲嘆氣。他請了一個老女傭照顧兒子，但她也時時難為無米之炊。楊液池身兼住家男，從市場買回白米幾斤、牛肉幾兩，把白米倒進米缸，然後鎖上。一塊牛肉，預先切成薄薄的幾片放在冰箱。偶爾，曾經的西關大少親自下廚，每人一碗白飯，兩片薄牛肉，幾條青菜，就是晚餐了。

第三章 青年樂園

▌ 學友社和司徒華

1949 年，香港出現了一個「學友中西舞蹈研究社」的組織，據紀錄，最初由老牌報紙《華僑日報》學生園地版的一群年輕讀者「自行」倡導成立。

然而，這群聲稱熱愛音樂和舞蹈的青年讀者，卻並非一般。其中之一，是一個叫司徒華的年輕人。

司徒華 1931 年生於香港。太平洋戰爭時期隨家庭回家鄉廣東開平。和平後司徒華回香港，進入油麻地官立學校。

1947 年，司徒華十六歲，在該校開始接觸有中共背景的《學生文叢》月刊，認識了共產黨的「新民主主義」革命理論，而且認定為救國出路。後司徒華轉學皇仁書院，中學畢業於 1950 年。

司徒華在皇仁讀書的時候，時常投稿到《華僑日報》的學生園地版。皇仁書院是英國殖民地頭號精英官校，早被中共的港澳工委視為滲透和培養下一代香港紅色接班人的目標。充滿浪漫理想情懷的文藝青年司徒華在香港加入的「新民主主義青年團」，也就是中共共青團香港的分部。司徒華並聯同四個同學，在老報人歐陽成潮的鼓動下，受命成立「學友中西舞蹈研究社」，借推行組織青少年舞蹈、音樂、戲劇、讀書等文藝活動，為中共在香港吸納精英分子。

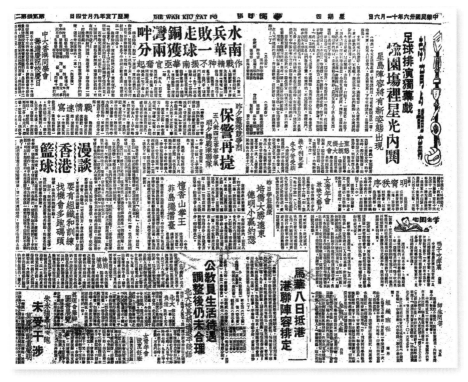

《華僑日報》學生園地版，據傳實際由老報人歐陽成潮主理，成為戰後吸引香港「進步青年」的基地，「接生」了司徒華，也「催生」了「學友社」。

「學友社」直接受中共領導，初期的骨幹有主席柯其毅、梁慕嫻、葉宇騰（國華）、蔡培遠等，因此其成立有重大的政治意義。這個搖籃孕育了香港下一代親共紅色理想知識分子，為近半世紀後收回香港主權埋下了似有還無、無中卻有、隱蔽而淡薄、淡薄而精密的人力資源和思想組織的伏線。

學友社 Logo。「火炬，代表進步和光明」。據指由司徒華登記註冊，他領有 001 號會員證。

「學友社」打著研究戲劇、音樂、舞蹈等文娛旗號，也不是這一年才發明。

早在 1937 年，中日戰爭剛爆發，中共在上海的地下組織，就成立過一個「益友社」。「益友社」是當年上海企業店員組成的文化團體。在毛澤東的密令下，「益友社」拉攏了當時社會名流、教授、上海工商各行業的理事所，或出資贊助，或參與行政：如辛亥革命子弟甘芝軒、佛學專家趙樸初、魯迅夫人許廣平、上海「世界書局」的出版家陸高誼等人。其中趙樸初，早已在青年時代秘密加入了共產黨。

「益友社」還得到當時在上海租界的法官關烱之的贊助，並出任名譽理事。還有地方勢力林康侯、聞蘭亭等向商界各行業老闆發出聘書，成為「益友社」名譽理事，一時聲勢浩大。

「益友社」成立之初，引起英租界政府注意，限制其執照只准為「俱樂部」，不能展開群眾活動，只能是「娛樂場所」。上海由日軍佔領後，「益友社」活動更為艱難，歌詠話劇等文娛活動，受進一步限制，遂改以診療所、理髮室、補習學校等民生福利事業為主。「益友社」同時靈活變身，又加聘與日方往來甚密的國藥業工會主席胡士高為名譽理事，以模糊日方的政治警惕。

「益友社」的社友，主要來自商店低層職員學徒，大都出身上海周邊的貧農、城市小販、手工業者家庭。他們通過同族同鄉關係，來上海求得謀生之道。但由於職工待遇低、工時長，這些低層職員對現實深為不滿，並希望廣結同道，交結知心朋友，這就是「益友社」生存和壯大的空間。

團結統戰基層的貧苦人，成立組織，像宗教團體一樣，令他們在孤獨之中找到一個「大家庭」，互相依偎，取得溫暖，而無形中逐步成為共產黨外圍組織的人，以後時機成熟，接受調配，履行更重大的任務。

1949 年香港的「學友社」，即參照上海的「益友社」而成立。一樣是因應殖民地政府的現實，隱蔽其政治色彩，以文娛為招徠。通過音樂、戲劇、舞蹈等年輕人心儀的活動，成立組織，招攬對現實不滿、生活孤獨的清貧寒士。

學友社初期社團活動以舞蹈為主。可能亦是該原因，港英五十年代「封」了三十八個「進步」團體時，唯獨學友社可遭「放生」。
學友社近二十多年來已經轉型，主攻公開考試輔導，對象仍是年青學生。

英租界當局早有處理「益友社」的經驗，「學友社」在香港，再次在英國人的眼皮底下活動，而且冷戰甫開，國民政府敗走的其中一個原因，就是輸了政治宣傳、輸去年輕人的民心。加上太平洋戰爭之後，美國對遠東政治環境的強烈興趣。其後韓戰爆發，更為敏感。這一切英國人豈有不知？

但由於英中取得默契，香港政府對「學友社」一半包容、一半監察而提防，密切注視其經營與組織，對中共紅色勢力在香港的潛伏，也心中有數。

1949 年之後，香港窮人遍地，並不是香港這個自由市場資本主義制度的過錯。

大量難民逃來香港，令人口由戰後的一百萬，短短十年急劇增加至三百餘萬。失業危機沉重、房屋、醫療問題叢生，加上後來大躍進的饑荒，難民見證了大陸共產主義實驗的失敗。但對於許多當時只見一木、不見森林；受到政治思想煽惑的年輕人，覺得罪在英國殖民主義的土地佔領，和資本主義的剝削。

然而，在冷戰時期，美國政府珍視殖民地香港的戰略地位，歷年批出資金，在香港除了接濟南來的知識分子，還出版刊物如設在九龍塘的「友聯出版社」名下有中國政情觀察的雜誌。針對香港青少年，美國新聞署也在香港由代理人出版了《大學生活》、《中國學生周報》和《兒童樂園》，盡歸於「友聯出版社」名下。

香港美國新聞署 1953 年成立，其資助的「友聯出版社」，在 1954 年出版了面向中學生的《中國學生周報》。

美國總統尼克遜訪華後不久，《中國學生周報》便告停刊。但在廿年間影響了成千上萬的莘莘學子，培養了香港一代出色的文化人。

　　共產黨員有如針線工，編織出最嚴密的組織力，也有水銀瀉地強大的滲透力。在紅色根據地延安，與在「白區」的上海，早已經驗豐富。中共的政治觸覺敏銳，共產黨以鬥爭武裝思想，自然也警惕所謂帝國主義，在香港爭奪中國人的下一代。

《青年樂園》與吳康民

　　1956年4月，針對美資「友聯」名下的《中國學生周報》，港澳工委首肯成立的香港左派《青年樂園》周報創刊，由培僑中學一位化學教師吳康民，幕後策劃創辦，黃穗華任督印人，漢華中學的一位美術教師汪澄任社長兼總編輯。

《青年樂園》創刊號（1956 年 4 月 14 日），1967 年 11 月 22 日被當局敕令停刊兩日後，發行了最後一期（607 期），告別讀者。

　　吳康民是潮汕人，其父早年曾往泰國聯絡當地的潮汕華僑，疏導成立泰共組織。黃穗華是吳康民的小姨，她的父親是太古洋行理貨員，其夫婿洪敬宜是泰國華僑，化名洪新。《青年樂園》的創辦資金，就是由家境富裕的洪敬宜出資。汪澄，則是吳康民太太黃穗良在漢華中學任教時的同事諸兆庚的前夫。

　　《青年樂園》創辦的組合，折射了冷戰時代香港左派台前幕後的人事結構。雖然是「近親繁殖」，但極力避免太「紅」、而必須以「灰」的面貌與讀者見面。

　　所謂「紅」與「灰」，是當年香港左派路線和策略爭論的要點。法國小說《紅與黑》激勵了許多早年的左派青年。「紅」代表進步和浪漫，「黑」代表以教廷和貴族為主的「反動建制」。《青年樂園》

「幕後策劃」創辦《青年樂園》的吳康民，1958 年接手培僑校長後，自稱已不過問《青年樂園》日常事務。

吳康民校長（前左三）和《青年樂園》的編輯、讀者、派報員甲子相聚，其妻黃寧（前右三）之妹黃穗華為首任督印人。陳序臻（前左二）後為督印人和總編輯。傅華彪（前右二）為英文及功課版編輯，曾鈺成尊稱他為「師父」。

既不標榜紅，也不可以黑。太「紅」令人恐懼，太「黑」則無法達到政治宣傳目的。只能在兩者之間落墨，是為之「灰」。這個「灰」字，指的是隱蔽於市的低調顏色，不是指人生觀和世界觀。

相對於後來文革突變，「灰」被視為思想落後、跟不上形勢、修正主義和甚至可能被扣上資產階級司令部的帽子。「灰」，後來無容身之地，這是後話了。

為何中共在香港要創辦《青年樂園》？

一來美資的《中國學生周報》辦得成功，影響力巨大；二來香港踏入六十年代，全港青少年人數約為九十萬。在沒有普及教育之下，有許多白天在工廠上班、夜間半工讀的勤奮青年，共佔香港人口約四分之一。中共極為重視思想意識形態在青少年之間的培養，現在連「美帝」都早奪先鞭，「我們」豈能甘於落後？

五六十年代中共對香港的文化政策由廖承志主管。廖承志為前國民革命黨人廖仲愷之長子，曾經留學日本，對廣東嶺南文化也深具認識。廖承志性格粗獷活潑，不拘小節，對於香港澳門狀況更極為熟悉，而且懷有一點廣東鄉里的感情。

對於毛澤東和周恩來的「長期打算，充分利用」的香港政策，廖承志會意極深。也因為胸襟廣闊，對香港中共轄下的各類刊物如《文匯報》、《大公報》到青少年的文化政策，廖承志懂得用人。報界的費彝民，出身上海外灘，與周恩來有私交；出版界的藍真，主管香港左派的書籍與雜誌出版；還有《新晚報》總編輯羅孚，負責香港的文化學術統戰，都是思想開放、腦筋靈活的本地企業家和知識分子。

《青年樂園》的開辦和經營，完全不追求一個「左」字，也相承了廖承志的方針和風格，香港學生難以察覺《青年樂園》與《中國學生周報》，實在是中美兩國在香港這個南中國海的橋頭堡，一場對下一代思想意識的激烈的爭奪戰。

《青年樂園》創辦時，遵照當年中共港澳主管廖承志的方針，版面內容絕不強調紅色「愛國」，而是輕鬆活潑、淡化政治。面向香港中學生市場趣味和需求。《青年樂園》鼓勵文藝創作、笑話、美術、漫畫等投稿，也偶然為中學生解答學習的疑難。因此一出版，深受市場歡迎。很快《中國學生周報》由獨佔市場，變成幾乎與《青年樂園》平分秋色。《青年樂園》1956 年剛創刊時，只印行五千份，到了六十年代中期，行銷超過二萬份。與《中國學生周報》相比，《青樂》佔市場四成，而有美國和台灣政府文化色彩的《中國學生周報》則佔六成。

　　由於《青年樂園》的面貌較為「開明」，而且政治意識隱藏甚深，香港許多中學都懵然不知，此實際是一份香港左派地下經營的「紅色學生刊物」。聖保羅書院的外籍校長、諸聖中學校長李求恩都向學生推介《青年樂園》。李求恩校長更題詞：「青年樂園，青年學生不可不讀」，而且歡迎同學之間互相借閱。

　　雖然銷數還是有限，但全港中學生之中，平均每十人，至少一人曾為《青年樂園》讀者。而同時閱兩報者，更不乏其人。

　　《青年樂園》創刊之初，沒有辦公室，在黃穗華家中辦公。後在灣仔波斯富街 55 號一棟唐樓選定社址，到 1959 年又搬到駱克道 395 號四樓，1961 年再遷往同一大廈的十三樓。

　　唯吳康民的共產黨背景，與他任教的培僑中學，早已為港府政治部密切留意。創刊後兩年，1958 年，培僑校長杜伯奎被港督柏立基會同行政局決定驅逐出境，理由是「港督不希望你住在香港」。吳康民臨危受命轉任校長，便無暇再參與刊物事務。汪澄也另有任務他去，要創辦另一份左派兒童讀物《小朋友》。於是，由吳康民在廣州時期參與地下學聯時相識的李廣明接任社長，原編輯陳序臻接任總編輯，還兼任督印人。

李廣明伉儷，在《青年樂園》辦公。1958 年李接手了《青年樂園》社長一職，其妻是吳子柏，不久亦從穗到港，擔當編輯工作。

在《青年樂園》被敕令停刊的四十五年後，一眾老讀者、編輯專程從香港到廣州探望老社長伉儷——他倆七十年代末已返穗，在暨南大學工作直至榮休。

《青年樂園》深入香港各中學，小學畢業後考進金文泰讀中學的阿咩，由於性好文藝，小學就曾情傾「愛國詩人」陸游。對於《青年樂園》的文藝、社會、娛樂內容，也非常喜歡。《青年樂園》的吸引力，不只是門戶開放，容許中學生投稿發表心聲，抒發情感，還邀請了香港左派文藝界的名人寫稿，講述創作經驗。

　　香港美術協會會長、水彩抽象畫家陳福善、攝影家陳復禮、「華南影帝」大明星吳楚帆、文化掌故專家兼三十年代作家葉靈鳳、音樂評論家黎鍵和凌金圓，還有當時在麗的呼聲做兒童節目的劉佩瓊都是《青年樂園》的活動嘉賓或作者。這批作者，許多對於學生來說耳熟能詳，不知不覺，由文學、戲劇、美術、音樂為起點，進而吸引中學生關心社會。思想意識潛移默化，其功效與《中國學生周報》不但平分秋色，一度還猶有過之。

　　《青年樂園》既是「統戰」刊物，當然不只出版。銷量打開之後，即積極展開報刊與讀者之間的交流活動。舉辦旅行、聯歡晚會、講座、笑話比賽、電影欣賞會。當香港中學會考季節來臨，《青年樂園》則精摘教師或精英學生編寫的會考溫習心得，出版模擬試題和「捉路手冊」，成為最早的

半世紀後，當年的學生作者陳坤耀教授出席《誌‧青春——甲子回望〈青年樂園〉》新書發佈會（2017年）。

「紙上補習社」。如皇仁書院高材生陳文岩，當時就是「青年樂園補習貼士天王」之一，其他作者還有皇仁陳坤耀、聖保羅曾鈺成等。陳文岩自小喜歡文藝書法，後來卻在港大醫科畢業，成為香港著名的腎科專家，文理兼善的精英。

皇仁書院時期的陳坤耀（後右三）活躍於《青年樂園》作者讀者的戶外活動，後為兩局議員、嶺南大學校長。和他熟悉的謝鏡添（後右二），則為阿咩在金文泰的「大師兄」。

《青年樂園》的兩位「大師兄」——時任立法會主席的曾鈺成（前左三）和羅慶琮（前左二）先後在吳康民校長的培僑工作，出任校長。後左二陳偉中為《誌·青春》編著，亦為本書主編。

《青年樂園》的影響力日漸龐大，還增設通訊員網絡，為「培養下一代」埋下伏筆。由於發行網廣佈全港，招攬一群熱心讀者充當派報員，每派一份可獲酬五仙。每星期三下午，一群中學生便前來報社，一起摺疊剛印刷出來的周報，然後手持名單派送訂戶，有的則拿回學校分發。

　　《中國學生周報》雖然也內容豐富，文藝、影評、教育也一應俱備，卻沒有《青年樂園》行動之立體化。《中國學生周報》聘得當時在珠海書院聽課的文藝青年胡菊人出任總編輯。胡菊人勤奮上進，自少性好文藝，學貫中西，由《紅樓》、《水滸》到歐洲的存在主義、到日本的三島由紀夫和安部公房，現代文藝理論無一不精，古典文學心得也無一不博。胡菊人貧學出身，曾經當校工，夜間無棲身之所，拼湊兩張寫字檯在辦公室度宿，頗有「無產階級」的生活特色和氣節。

　　胡菊人也喜歡與年輕人座談，說文藝、論國是、批評共產黨、推崇民主自由，贏得「青年導師」的雅稱，成為一時偶像。

　　在中方的眼中，對年輕人意識形態的鬥爭，相當尖銳。因為《中國學生周報》豎立胡適的美式自由主義（Liberalism）思潮旗幟，《青年樂園》則針對而大事宣傳魯迅，以魯迅之「紅」，頂對胡適之「白」，與美國和西方爭奪下一代的思想意識，至此旗鼓相當。

　　《青年樂園》到六十年代初期，不但出版行銷寬廣，而且匯聚人事鼎盛，儼然發展成一個有實無名的「青年黨」。當時香港文化統戰的最高人物，是《新晚報》總編輯羅孚，也即是羅承勳。《青年樂園》雖然對羅孚並無從屬地位，但在灣仔駱克道的一棟大廈另立山頭，隔著一條軒尼詩道，羅孚在《新晚報》的報館上班，眼看自己統戰、提攜、培育的許多香港文藝和學術新晉，也由《青年樂園》資源共享，不禁遙相微笑。

聽從盧瑋鑾教授在電台的呼籲,《青年樂園》同人和小思老師見面(2011年)。
小思曾為《中國學生周報》作者,亦為《青年樂園》編輯金文泰特輯,許禮平(前
左一)為《學生叢書》作者。

當年的學生編輯小思老師在見面會後,帶熊志琴博士,到廣州訪問李廣明社長,
資料現存放於「香港文學特藏」。(許禮平攝)

《青年樂園》派報員

阿咩中一有點疏懶，對新環境充滿好奇，一半玩樂、一半上課，糊裡糊塗過去了。升讀中二，由於中一的成績一般，開始發奮，這時他遇上了同班同學梁中昀。

梁中昀是香港人，父親是印務工人，在一家叫有利印務公司的機構任職。

有利印務承印香港左派的《大公報》和《新晚報》，經理名鮑立初。梁中昀個性活潑，雖然同屬虎年出生，但畢竟大阿咩數月，故在阿咩面前更有一派大哥的威儀，花名「阿玀」，也跟阿咩一樣，是循升中試派入金文泰的。

一天課餘，梁中昀問：「你想不想賺點零用錢？」阿咩心想：現在父親手頭緊，賺些外快當然好啦！「想！你有甚麼辦法？」梁中昀說：「有一份周報，叫做《青年樂園》。他們正招聘學生派報員，派一份有『斗零』（五仙），你有興趣嗎？」

屬「虎」的梁中昀（中排右一）和阿咩（前排左一）。中二開始在金文泰同班。

「那豈不是天天都做飛機欖的報紙仔嗎？」阿咩問。

梁中昀說：「不是，只逢星期三印好後，我們便去報社領報紙和讀者名單，按地址派送。他們有一支派報隊，我們每次可以領三四十份，賺些外快，大概一星期可以賺到二元。」

阿咩心想：這不就大概等於爸爸每天給我的零用錢嗎？一毫一個麵包、兩毫一支維他奶，搭巴士由學校來家中，大概兩毫子，一碟菜遠窩蛋牛肉飯一元兩毫。二話不說便欣然答允梁中昀的邀請。

少年同學，生死之交，阿咩在梁中昀（1950-2006）逝世後便成立了「謝鏡添、梁中昀、楊宇杰基金會」以行善來紀念兩位早逝的「學兄」。

當天放學，梁中昀就帶阿咩，加他的姨甥陳世昌，一行三人，到灣仔鵝頸橋，消防局後面的駱克道452號大觀樓，按電梯12字。六十年代，口頭上，還是稱12字為「十三樓」。但見走廊盡頭，一扇門上的招牌，寫著墨綠色的幾個活潑大字：「青年樂園週報」。

梁中昀帶阿咩和陳世昌走進去，看見兩三個衣著樸素的人，還有一個青年人。原來，就是在金文泰，梁中昀和阿咩高兩班的師兄謝鏡添。

他已經在《青年樂園》Part-time派了幾年報了，原來《青年樂園》招聘學生派報員的消息，最初是由謝鏡添那裡來的。

從此，阿咩每星期三就成為《青年樂園》的派報員。每派一份，酬勞五仙。這是平生第一次自食其力賺到錢。年輕的友情純潔而美好。

梁中昀和謝鏡添成為他最好的朋友，由派報結緣，改善了生活，也豐富了生活。

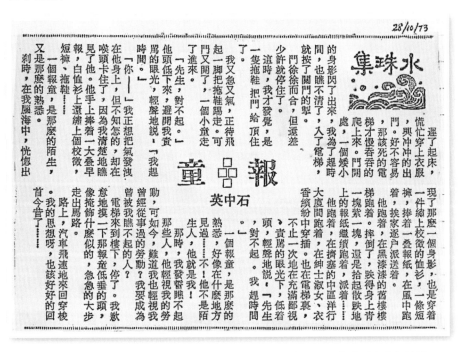

人生的第一份有酬勞動，也是生命中的第一個文化符號。1973 年的〈報童〉憶述了十三歲當報童的往事。

陳毓祥曾以東東的筆名，在《青年樂園》發表的漫畫。阿咩在他魂斷釣魚台 20 周年的紀念會上，把他的投稿，交給他的女兒安然留念。

但這幾年阿咩的父母時時爭吵，媽媽更一怒之下，往往離家越來越長時間不回來。父親對著三個兒子，也不太懂得照料，每天給他們兩元車飯錢。由於「鴻發行」破產，比起小學幼稚園時代，阿咩的生活已初見緊絀。

　　父親在日教夜教還債，三兄弟見母親的時間越來越少，家不成家。謝鏡添這位大師兄，眼見年少瘦弱的學弟，主動邀請到他大坑的木屋留宿。雖然是普通貧苦人家，沒有大魚大肉，卻感受到難得的家庭溫暖。而謝鏡添一家對自己親如子姪，故阿咩繼續在此大坑木屋中寄住。從堅道半山區洋樓到人坑無水電的木屋區，居所有著一百八十度的改變，恍似從天國到地獄。

　　派報之餘，阿咩瀏覽《青年樂園》，發現周報內容豐富，許多欄目都與植物和園藝種植有關。有一頁叫「沃土」，另一頁叫「蓓蕾」，還有幾版叫「萌芽」、「大地」。

　　每期「編者的話」文筆慈和：「朋友們，《青年樂園》是大家的園地。你們有甚麼感受和見解，請大家寫下來。只要來稿內容有意義，文字雖然不大通順，我們盡可能修改一下，爭取刊登。不能啟用的來稿，我們也會盡量告訴作者，指出寫作的缺點，哪些地方要改進。願《青年樂園》的朋友們一起努力，建設我們的家園。」

　　編者的話，洋溢溫情，阿咩雖然從小愛上文藝，但由於已決志讀理科，而且家中亂作一團，自己也主要寄居謝鏡添家中，所以他去《青年樂園》派報動機單純，賺取零用，沒有像其他學生般投稿。

　　不過上辦公室多了，自然也與報社的幾個編輯混熟。第一次見過的其中一個領導人物名叫陳序臻。

　　陳序臻等幾個編輯，態度友善，還談笑風生，和青樂各人稱兄道弟。《青年樂園》在感覺上，是有一點凝聚力和歸屬感的地方。

在這家報社進出久了，梁中昀開始告訴阿咩一些他從未聽過的話、從沒想過的主意。一次回家的路上，梁中昀對這位同班同學說：「即使讀了許多書，做一個知識分子，但四體不勤、五穀不分，是可恥的。我們應該與勞動人民結合，到大風大浪中接受鍛煉。」

但香港到底是十里洋場、三代繁華之地，工商業茂盛，市民為生活奔波，哪來的「大風大浪」呢？

六十年代初期的香港，生活仍普遍貧困，電視尚未普及，勞苦大眾和他們的子女缺乏文娛活動。除了觀大戲、看粵語長片、聽電台的天空小說，就是勞碌街頭為兩餐。他們的子弟不是成為街童，很可能就是加入黑社會。

阿咩感到交上了一批志同道合的文娛好友，在《青年樂園》擔任派報員，還能賺取外快，頓時覺得走上一條勤懇上進之路，一股優越的自信感油然而生。

思想左傾劇變

棲居於木屋，體驗過低下階層生活，加上要派報賺來的零用，令童年時被傭人稱為「大官」的阿咩，漸體會到「勞動者的光榮和可貴」，及貧苦大眾受到的壓抑和剝削。梁中昀一番體會的分享，與閱讀周報的心得，不知不覺間內心有一片青綠，悄悄地發了芽。

阿咩和梁中昀，還隨謝鏡添於每星期六夜晚，到 YMCA 參加口琴隊練習，更在剛落成不久的大會堂音樂廳，和尖沙咀的西青會演出。又參與游泳、長跑、騎單車等集體活動。十四、五歲的年紀，遇上發洩旺盛精力的渠道。陽光燦爛下，日子過得舒暢。

金文泰「三劍俠」參加 YMCA 口琴隊在新落成的香港大會堂音樂廳演出（1964 年）

YMCA 口琴隊 80 周年演奏會
（2022 年）。阿咩年青時創
作的《火舞鳳凰》，由李尚
澄師兄編曲配樂器、指揮大
合奏壓軸演出。

潛意識中，阿咩非常明白，這是自己逃避家庭破裂的現實。父母離異、父子之間更添了鴻溝，同班同學梁中昀比兄弟更親，而《青年樂園》報社，就比自己的原生家庭更溫暖。放學後，阿玀時常邀阿咩，背著書包在維多利亞公園閒逛，切磋功課。

　　公園的小山丘下，剛蓋建了一個蛋糕一樣的亭子，山坡上幾株棕櫚樹。兩人放下書包，坐在草地上，遠眺海港對岸一抹雲清藹紫的獅子山麓。

　　獅子山外，是一片甚麼樣的土地？啟德機場的跑道，飛機降落那一翅翅雪白的銀鳥，飛向的是一個甚麼樣的世界？

　　梁中昀家住灣仔耀華街，隔鄰是電車廠（後改為「時代廣場」），住了許多電車工人。不遠的燈籠街（後改為「登龍街」），附近的一座舊大廈商鋪是電車工會的小賣部。梁中昀時時帶阿咩到此，請他吃一客油占多士。梁中昀告訴他：「我是家屬，姊夫是巴士司機，他有朋友是電車工會的，大家都是司機，電車巴士一家親，所以他便加入工會，搭電車也有七折。」

　　「甚麼叫做工會？工會怎麼有小賣部？」

1950 年，羅素街電車廠工人大罷工，左派工會在維護工人權益中得以壯大，也令港英政府予以打壓。

「工會是許多好人合力辦、照顧我們工人階級的組織，為我們工人出頭。資本家殘酷剝削工人，工人要爭取公義，只有靠我們自己。每天凌晨四點，他們就要起床，開電車。電車票價，樓下五仙，樓上一毫，連電車也分開『無產階級』和『資產階級』，公平嗎？」

大口吃著油占多，阿咩只覺得嘴巴裡的食物最好吃。

「香港這個人吃人的社會，資產階級壓迫無產階層。你想想：電車、巴士公司的老闆賺多少利潤？以我姊夫為例，他每月工資才二百元。我計算過：他早出晚歸，一天裝載的乘客就超過一萬人，而他每月的工資，只佔一輛巴士每天載客的兩小時收入。公司的老闆賺那麼多，工人卻那麼窮，公平嗎？」

阿咩覺得梁中昀的社會道理，開始有點重複，不好氣地應一句：「爸爸從前帶我到中環吃西餐，有羅宋湯和黑椒牛柳。西餐的味道，比工會的油占多好。」

「西餐是資產階級吃的。阿咩，從此你要向你父親的那個階級告別，走進到我們這個階級來。」

只聽過乘電車、天星小輪，分頭等二等，只有等級，沒有階級。

後來才知道，梁中昀這番說教，正是高兩班、外號「阿督」的謝鏡添大哥告訴他的。

謝鏡添住在大坑山上，居住環境，比梁中昀更貧苦。父親文伯是「咕哩」（苦力），大坑山上的一片山坡，全是窮人和難民自建的木屋。謝鏡添的父母、女兒住在西環三角碼頭旁，方便開工。幾個兒子則住在大坑山一間木屋裡，食水由街喉供應。夜間一支大光燈，昏暗地照著簡陋的「客廳」，幾張木床，沒有廚房，幾兄弟用火水爐煲水煮食。一到炎夏，蚊蟲特別多。

大坑山的側鄰，是一座白塔，那是屬於南洋富商胡文虎的虎豹別

「咕哩」是上世紀香港的特產。謝鏡添的父親「文伯」在「三角碼頭」當「苦力」。

中四起,阿咩在大坑山文伯
的木屋住了兩年,思想出現
了巨變。

墅。此時胡文虎已經逝世，《星島日報》主人胡仙是胡文虎的千金，住在這座大宅。虎豹別墅的對面，是真光女子中學。

1964 年前後，謝鏡添、梁中昀、楊宇杰，漸成金文泰三劍俠。阿咩甚至寄住在謝鏡添處，不願意回父親的家裡。天天由大坑山步行去金文泰上學，雖然貧窮，與好朋友同行，像後來的一首英文歌 *Stand By Me* 一樣，覺得這種生活，才是人生的真快樂。

有次經過灣仔的涼茶鋪，看見店裡高高供置著一部麗的電視機。屏幕上一個戴粗框黑眼鏡的男子，正拿著一支「高露潔牙膏」賣廣告。

「這個男人叫高亮，」阿咩說：「他是我表哥。我家親戚有很多名人：商業電台兒童節目的主持人何詠琴姐姐，是我表姐，二舅父的女兒。」

謝鏡添面上出現欽佩的神情：「你就好了。我們家，工字不出頭，在別人眼中會有甚麼出息？」

謝鏡添有一個弟弟謝鏡賢，不讀金文泰，卻上跑馬地樂活道的培僑中學。

晚上，圍在飯桌，謝鏡賢常談到在學校，聽到老師跟同學們指斥資本家剝削工人，也揭示了殖民地社會的種種黑暗不公。

「資本主義是黑暗的，」師兄謝鏡添跟著說：「毛主席的新中國，才是我們香港勞苦大眾的希望。毛主席有一天不但會解放香港，而且還會帶領我們中國人民解放全人類。馬克思說：只有解放全人類，無產階級最後才能解放自己。」一番大道理，阿咩聽得一頭霧水。

「甚麼叫解放？」阿咩問。

「解放就是我們從此不必住木屋。人類眾生平等，我們也搬到白建時道的洋樓去住。而香港的洋人買辦，住洋樓、養番狗，過著腐朽的養尊處優生活。這種不公平的局面，一定要改變！」

這些道理，在金文泰的老師口中，從來沒聽說過。謝鏡賢讀的是培僑中學，令阿咩覺得有點奇怪：「為甚麼香港有些學校那麼不一樣？」然而，又隱約感到，謝氏兄弟似乎有其道理。

在迷茫之間，阿咩發現麗的電視上的那個表哥高亮，西裝筆挺、說話斯文、有教養，跟自己的父親像是同一類人。相反，在招商局上班後的母親，雖然見面日疏，有時回家只為三兄弟煲個湯，卻一身白襯衣、灰長褲，穿著樸素，與謝鏡添的父親「文伯」，大坑木屋鄰居的「懵爺」，這些碼頭「苦力」，卻又似是同一個世界。阿咩心想：或許這就是「資產階級」和「無產階級」的分別了。

而《青年樂園》的社長李廣明，衣著風格也跟母親同一風格。

「無產階級」不著西裝，也不注重裝扮，但對自己卻比較關心。每次上「十三樓」，多半都見到李廣明在。這位中年人也經常白襯衫一道、口袋一支英雄牌鋼筆，對自己噓寒問暖，生活讀書都甚關心。

原來，李廣明曾和自己的「十八姨」何玉沂，於五十年代初一同在香港的思明小學任教。這裡還有一段因緣，據李夫人吳子柏後來向阿咩憶述：有一次李廣明託十八姨，把一隻國產海鷗牌手錶，帶上廣州送給她。李夫人估計，李廣明察覺，十八姨可能對他有好感，藉此向對方表明「襄王無夢」、「名草有主」。李社長早早認識自己親姨的事，阿咩知道時，已是四十多年之後了。

在派報員阿咩的眼中，李廣明這位社長真是一個大好人。

李廣明畢業於四十年代末，廣州的勤勤大學文理學院生物系。而自己的父親也在廣州的嶺南讀化學。雖然同是大學生，感覺上這兩位尊長，卻又像分屬兩個不同的世界。

李廣明有時與來訪的朋友講到大學時的「學運」。說起往事，眉飛色舞。大人們的交談內容，阿咩不甚了了。

「學運」到底是甚麼？為甚麼學生不好好讀書，卻要走上街頭示威？甚麼叫「反飢餓、反內戰」？那時廣州沒有得吃嗎？明明是抗日戰爭已經結束，卻還在打仗？如果那時沒有得吃，為甚麼父親與祖父一起，又過得相當富裕？如果父親屬於資產階級，母親跟李廣明與謝鏡添、梁中昀他們是「無產階級」，那麼自己又是哪一個階級呢？

在謝鏡添的木屋家中，與謝家兄弟甘苦與共，屋外青蛇黑狗橫行，室內有時地板上老鼠蟑螂出沒。這樣窮困的生活，大概就是無產階級的世界了。

但一天一角錢買一個波蘿包，味道也很好，而且還可以兼職派報，賺一點外快。雖然不能與父親常去安樂園吃西餐，但這樣的日子，感覺也還不錯。阿咩六七歲就到祖父和父親兄弟，在利源東街開的「鴻發行」。發現他們的那間小公司，僱一兩個職員、幾張寫字檯、一個會計拿著算盤，天天算賬，離不開一個錢字。這樣的生活如此沉悶，難怪母親也離他而去。

母親、父親之間的裂縫，沒有因時間而彌補。母親與他在外吃個便飯，似有千言萬語要吩咐，卻往往欲言又止。提到父親，母親卻現出怒容，不想他說下去。

一場抗日戰爭，造成了父母的婚姻之緣。又為何因，父母關係低落至此？

爸爸剛大學畢業，日軍佔領廣州、香港。剛上中學的母親和幾個妹妹在何家安排下，先從香港逃難到廣州，再避過沿途的轟炸，到達桂林、柳州。廣州的舅父們，和父親同唸嶺南，囑父親照顧自己的妹妹們。那時母親是桂林培聯書院（即培正、培道聯合書院）的中學生，大學生才俊在戰火中替她補習，彼此種下姻緣。

還以為亂世戰火造就的鴛鴦，會珍惜情緣，天荒地老。沒想到戰後來到香港，生活安頓、結婚生子，卻又因為政見不同而各分東西。

難道資產階級和無產階級、帝國主義和社會主義祖國之間，真的勢同水火而不兩立？

父親對母親的恨意仍難消。生意失敗後，因為妻子的紅色背景，令他想找一份穩定的官校教席也不可能，只靠在嶺南同學的介紹下，在寒微的私校教書，養家還債。

跑馬地讀書會

一天放學，阿咩本想去灣仔環球戲院，看尊榮的《原野奇俠》公餘場，票價兩角。此時離家日久，爸爸不再帶他去看外國電影了。怎料，途上遇到老友記梁中昀。

「如果你有空，我帶你去一個地方，是讀書會。」梁中昀神秘地告訴他，謝鏡添也會一起去。

「甚麼讀書會？」

白天去金文泰上課，不是讀夠書了嗎？讀書時讀書，遊戲時遊戲，此時只想找一個遊戲的地方。但看見梁中昀一面嚴肅，阿咩硬生生將想看公餘場的願望吞回肚子。

所謂「讀書會」，是左派組織熱衷而專長的社會活動。

五六十年代社會貧困，年輕人謀生困難。但那時還沒有電腦網絡，香港人勤奮上進，出版業鼎盛。承襲三四十年代中國上海的文藝風氣，加上社會主義理論思潮，年輕人對尋求新知識，認識祖國和世界，有很大的渴求。

1950 年，上海永華電影公司南遷香港，一批左傾電影戲劇工作者南來，準備站穩腳跟，開創事業，與「新中國」同氣連枝，也展開了「讀書會」。但殖民地政府很快就警覺「讀書會」，是共產黨招攬熱血青年的地下活動，把一眾「讀書會」骨幹和會員如演員劉瓊、舒適、

韓非，還有劇作家司馬文森，遞解出境。

時至六十年代中，或許英方早已注意，但欲擒先縱，隱忍不發聲。

會合謝鏡添後，三人登上去「跑馬地」的電車，再從波斯富街南行，經過黃泥涌道，在跑馬場對面的一幢大廈前下車。

抬頭一看，只見「雅景大廈」四個字，這棟新建成的高樓是中產家居，謝鏡添二話不說，一把拉他倆走進去乘電梯。「這裡是甚麼地方？」謝鏡添不答話。

金文泰「三劍俠」課餘參加的「讀書會」，窗口正對著跑馬地馬場，和阿咩出生的養和醫院只是數步之遙。

電梯在一樓層停下，謝鏡添帶著阿咩和梁中昀，在一個公寓按了門鈴。

「這位是何小姐。」謝鏡添介紹。來應門的是一個中年女子，穿著藍色旗袍、戴眼鏡，像個老師。

何小姐神情和藹：「阿添，這就是你提起的兩位同學嗎？」

謝鏡添說：「不錯。他名叫楊宇杰，花名阿咩；另一位名叫梁中昀，花名叫阿獴。他們說也想參加讀書會，我帶他們來了。」

阿咩心想：甚麼叫讀書會？謝鏡添還沒說清楚。但既然來了，也無所謂。何小姐看樣子甚有教養，總不會是壞人吧。

　　何小姐招待三人坐下，閒談了幾句，問二位新來者讀幾年級，家裡有甚麼人。「來到這裡，可以把我們讀書會當做自己的家。」何小姐說：「不要擔心，我們不考試。只是鼓勵閱讀，讓你們多看些課外書。還聽聽音樂，不要天天在課室的象牙塔裡只讀數理化。」

　　「學好數理化，走遍天下都不怕，」謝鏡添說。何小姐笑了起來：「不錯。讀好數理化，當然重要，因為你長大可以做科學家、工程師，建設國家。然而，一個學生要認識世界，身心平衡發展，除了數理化的大自然，還要關心我們這個社會，還有國家，還有全人類。」

　　何小姐又端出一些茶點。談了一會，何小姐看看壁上的鐘，擺好幾張櫈子，請來客一一坐下。她自己居中坐在沙發，像課堂上的老師。阿咩心想：好不容易放學，來到這個地方，難道要補習、上課？偷眼看看謝鏡添，謝鏡添向他眨了一下眼睛，像知道他心底的狐疑，命他不要作聲。

　　「阿添，上次借你看狄更斯的《苦海孤雛》，看完了嗎？」

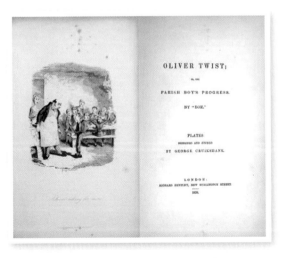

讀書會必讀狄更斯的《苦海孤雛》

阿咩也看過這部小說的翻譯本，沒有作聲。

何小姐坐直了身子，呷一口茶，正色說：「《苦海孤雛》這部小說，揭露了英國工業資本家殘酷剝削無產者的黑暗面。主角奧利弗雖然是個孤兒，雖然誤交損友，但大家讀這部小說，不要只把它當孤兒歷險記。十九世紀在工業資本主義發達的倫敦，有許多窮人，過著悲慘的生活。這些可憐的孩子，包括奧利弗，天生想做小偷嗎？」

「不是，」阿咩忍不住插話舉手：「他是誤跟了一個扒手集團頭目，誤交損友。這個扒手主腦後來關進了監牢，這樣奧利弗才得到新生。」

何小姐驚訝地看了阿咩一眼，說：「很好，原來這位新朋友也看過這本小說，但你也只說對了一半。奧利弗流落倫敦，誤識扒手集團，但這個扒手的首腦本身也是資本主義制度的爪牙。我們不能將扒手主腦這個角色，當做獨立的存在，要把這個壞人聯繫到整個吃人的剝削制度。」

然後，何小姐滔滔不絕，訴說資本主義的罪惡。阿咩聽著，忽然醒悟，其中許多詞彙像「剝削」、「壓迫」、「資本家」等等，都在梁中昀和謝鏡添口中聽說過。

「資產階級壟斷了生產工具，也壟斷了生產資料。最終社會的財富，都集中在少數人手裡，這就是狄更斯要控訴的社會現實。」

何小姐一席話，不像補習老師，雖然姿態有點像金文泰的教師，但讀書會的氣氛相對輕鬆，何小姐把他們三人當做朋友一樣閒談。阿咩雖然看過《苦海孤雛》，但從未聽過何小姐這樣的觀點，倒也覺得新鮮。

阿咩臨別時，向何小姐借去《牛虻》。

從此，每星期謝鏡添都帶阿咩和梁中昀上讀書會。翻譯小說看了

一部又一部：除了俄國作家的《牛虻》之外，阿咩還讀了《塊肉餘生》（David Copperfield）。

　　有時讀書會分享完，何小姐會拿出一張黑膠唱片，在唱機裡放。樂曲悠揚，小橋流水，何小姐向他們介紹：這首音樂好聽嗎？叫做《梁山伯與祝英台》，是小提琴協奏曲；那一首叫《二泉映月》是國樂。何小姐家中不但有好書，還有阿咩從來沒聽過的中國音樂唱片。在此之前，阿咩只聽過西方古典音樂和街邊收音機傳來的粵劇大戲。沒想到在貝多芬和任劍輝之外，還有另一個陌生而悠揚的音樂世界。

　　就這樣每次上「讀書會」，認識到的小說、詩歌，也逐漸多樣了。狄更斯之後，阿咩還讀了普希金的俄國詩中譯，還有高爾基的《母親》。俄國文學比較沉悶，尤其是《母親》的時代背景，阿咩完全不懂。然後，何小姐又拿出簡體字版的小說《紅岩》、《鋼鐵是怎樣煉成的》，讓讀書會的少年傳閱。

　　在書目轉變的同時，聽的音樂，逐漸也不同了。何小姐的唱片多姿多彩，除《在森林和原野》等外國民歌，對讀書會的同學，還放過一首北方民歌《南泥灣》。

陝北民歌《南泥灣》，講述長征後紅軍到達延安，軍民共建抗日根據地，為苦難中國帶來新希望。

第一次聽這種語調高亢的民歌，而且用國語唱，阿咩有點莫名其妙。然而有一天，何小姐又放了一首《我的祖國》，阿咩聽了，忽然心胸開朗，雖然也是國語，但歌詞都聽得懂，而且有令人感動的一股觸電感：

　　「一條大河波浪寬，風吹稻花香兩岸。我家就在岸上住，聽慣了艄公的號子，看慣了船上的白帆……」

抗美援朝電影《上甘嶺》的插曲。《我的祖國》曾風靡了一代追尋身份認同的港青。

　　這首歌實在悠揚動聽。何小姐一面聽，一面目泛淚光，眼睛看著窗外賽馬會的草坪，像能穿透高山大海，隨著波浪一樣的音樂，飄流到遠方。

▍ 與父疏遠，山雨欲來

　　一天，年近五十的楊液池來到金文泰找阿咩，阿咩問：「爸爸，有甚麼事？」楊液池有點愕然，良久才吐出一句說：「阿仔，我已經一個月沒有見到你了。」

　　見到作風洋派、進出西裝、形象買辦的父親，想起父母之間的爭吵；想到六歲那年回廣州見到可敬的外婆和二十姨，阿咩陌生而無語。

父親代表了帝國主義剝削階級，《青年樂園》才是勞動人民的大家庭。在帝國主義買辦的那個家，感受不到溫暖。反而，在「十三樓」、大坑木屋、跑馬地讀書會的活動，阿咩遇到許多同道朋友，才覺得是真正的一家人。

與謝鏡添不時步行上大坑道。一對好朋友，在半山遠眺：1964 年的維港，風平浪靜，海面貨輪和小輪穿梭交織，一架飛機從啟德機場在煙海裡衝向藍天白雲。兩個少年倚著大坑道的欄杆，看著遠方。

「香港為甚麼這麼多窮人呢？」阿咩看著大坑，許多問題想不通：「你看渣甸山那麼多花園洋房、大廈豪宅，但你爸爸和我，卻無方呎安居之身。為甚麼我們要住木屋？」

「或許這就是殖民地、資本主義社會的黑暗吧！」謝鏡添說。

「為甚麼資本主義那麼罪惡？」阿咩理直氣壯地說：「我在你領我去的讀書會，看過一部小說《鋼鐵是怎樣煉成的》。我讀了很感動：『人的青春應該是怎樣度過的？應該為了解放人類的事業獻出青春，獻出生命，這樣他的一生就沒有白過了。』」

在小說的主角保爾·柯察金身上，阿咩
依稀領略了「人為甚麼要活著」的真諦。

忽然想起時時不歸家的母親，在父母之間，他覺得母親比較親和，或許是因為跟媽媽去過廣州，與那邊的親戚比較相熟。

1965 年，阿咩與父親的關係更日益生疏。鴻發行破產後，先從堅道搬到西摩道。再由西摩道搬到羅便臣道，最後搬離居住了十多年的中半山。

妻子離家後，父子更落戶有「小解放區」之稱的北角。大兒子很少回家，楊液池忙於還債，還要持家，似乎也不知所措。只好有時一個人來到金文泰校門口等放學，問候幾句。也許心知大兒子進入青春期，性格開始叛逆，何況自己還曾在幾個兒子眼前動手打過他們的母親。一腔酸苦，實難以形容，而且也難解釋。

政治的阻隔，關山千重，楊液池撫摸一下兒子的肩膀，掉頭下山，拾步而去。阿咩遙遙目送父親的背影，穿過校門，緩緩消失在炮台山道下。

《青年樂園》的社長李廣明、主編陳序臻漸成自己的叔父長輩，對自己噓寒問暖，關切愛護。阿咩很慶幸自己不但是派報員，偶然也義務幫忙暑假「十三樓」的「課本出讓站」活動，幫助買不起新書的同學，以較廉價格購入二手課本。曾德成唸庇理羅士的妹妹勵予，也是當時的義工。

生活在這個大家庭，比起北角書局街的那個家，阿咩覺得實在更有歸屬感。人生的意義是甚麼？隱隱然，他像找到了答案。

1965 年，大陸局勢發生巨變。歷史學家吳晗的劇本《海瑞罷官》，遭到上海《文匯報》的青年才子姚文元長文批判。《海瑞罷官》本來是一場學術討論，但誰也沒有想到姚文元的後台是毛澤東，借《海瑞罷官》一劇揭開文革的序幕。《海瑞罷官》是 1959 年 4 月，當時出任北京副市長的吳晗根據毛澤東號召學習明朝大臣海瑞「直言上諫」的言論精神而寫成的一齣京劇。劇本完成後，交給北京京劇團排演，甚

受歡迎。毛澤東曾贈送親筆簽名的《毛澤東選集》給吳晗，以示對作品的認可。

豈知時隔數年，上海《文匯報》發表姚文元的批評文章，突然扭轉毛澤東當年的立場和肯定。《海瑞罷官》被斥為「反黨反社會主義」的「大毒草」，並指此劇影射 1958 年廬山會議的彭德懷事件。《海瑞罷官》一下被提升到政治的高度。姚文元的文章，北京的報刊沒有轉發，因為當時北京市委掌控在彭真手中。彭真不認為一齣戲劇的學術之爭，有甚麼大不了。在北京主管政府和國務院的劉少奇、鄧小平、周恩來，也「丈八金剛，摸不著頭腦」。

山雨欲來，一場大風暴正在醞釀。

1966 年 4 月，毛澤東又指使另一名極左文人戚本禹，批判另一齣電影《清宮秘史》。同樣在上海報章發表，指斥 1948 年拍成的一齣古裝片《清宮秘史》是歌頌光緒皇帝和地主階級。《清宮秘史》到底是愛國主義還是賣國主義？萬字長文突然氣勢洶洶推出，上接《海瑞罷官》之爭，大陸的知識界，剛從反右的浩劫中驚魂未定，終於在空氣裡又聞到一股血腥味。

《海瑞罷官》矛頭直指彭德懷，但《清宮秘史》影射的又是甚麼人？全國上下一片困惑。導演朱石麟此時已經移居香港，在左派的鳳凰影業公司繼續執導。朱石麟有一天打開香港左派的《文匯報》，忽然看見自己近二十年前導演的這齣電影，被中共最高當局、也就是毛澤東標籤為「賣國主義大毒草」，當場血氣上湧，心臟病發，倒地不起。莫名其妙地送了一條老命。

毛澤東借文藝放火開拓戰場。香港的左派報紙照樣刊發，但當時新華社社長梁威林、副社長祁烽，《大公報》社長費彝民，紅頂商人王寬誠等，依然在香港過著資本主義的生活。梁威林定期回大陸開會接受指示，領了甚麼命令回來，左派其他人不得而知。香港幾份左報，

務必轉載的大塊文章，風格橫蠻，還強詞奪理，內容枯燥沉悶，與香港的市場口味完全格格不入。但新華社向幾張左報的總編輯下達命令：大批判文章一定要全文轉載。

「讀書會」和《青年樂園》的文娛活動，啟發了阿咩的音樂興趣，也在 YMCA 深造口琴，阿咩更會在家中拿著筷子，學起指揮。青年會是在香港上環必列啫士街的一幢紅磚老房子，三十年代魯迅訪問香港，曾在此發表演說。

阿咩的時間分配得充實：每天在金文泰正常上課、每周一次讀書會、星期六晚口琴班、逢星期三下午放學，派《青年樂園》周報賺取外快。

戴麟趾 1964 年來港履新。一次，到金文泰中學巡視。這一天上午，學生集中在禮堂，校長發表講話，歡迎香港第二十四任總督戴麟趾爵士光臨學校視察，全體學生起立，戴麟趾西裝筆挺，在副官、校長的

第二十四任港督戴麟趾，視察以第十七任港督命名的「金文泰官立中學」。阿咩在「英女皇」像及「米字旗」下迎接了港督一行，並唱英國國歌。兩年多後，他也在這位港督頒發的「緊急法令」下，成為了「皇家監獄」的少年犯。

陪同下，神氣十足地走進禮堂。禮堂上掛著英女皇的頭像，嘉賓席鋪著一張巨大的米字旗。隨著港督就位，英國國歌響起，全體學生唱著排練了一個星期的英國國歌："God save the Queen...."

阿咩是禮堂裡近千學生的其中一位。想起父親自小灌輸：自己是小英國人。但看見戴麟趾一副殖民地主人的面貌，他開始有點明白，為甚麼謝鏡添、讀書會何小姐，對英國人如此反感，對祖國又如此嚮往。

北上廣州

1966 年，梁中昀在暑假前忽然提議，與阿咩、謝鏡添一起自費去廣州旅行。

當年六歲，跟著母親到廣州探親，印象模糊但溫馨。但這一次是與好友同往，再沒有大人隨行，他一口答應。每人籌集了幾十元，由謝鏡添帶隊，清晨從尖沙咀火車站鐘樓出發。第一次獨立踏上旅途，阿咩心仍內疚：不久前也在這裡，母親用自己名義把三弟騙回廣州。

火車奔馳向北的鐵路上，過了油麻地，阿咩看見火車橋邊的培正中學，通過獅子山隧道，出來的時候，看見窗外一抹藍天下的望夫山，念弟之情，油然而生。

轉乘深圳到廣州的快車，阿咩看見窗外不一樣的風景：寫著紅色標語的公社、農村、綠油油的菜田。火車裡，廣播著革命音樂史詩《東方紅》，和激昂語調的中央人民廣播電台新聞。阿咩此時，想起了被母親騙到廣州的弟弟，提議到訪外婆家，卻因二人強調此行為自行「學習」，不該探親訪友而作罷。

謝鏡添帶著梁中昀和阿咩，吃得清淡、住得簡陋。五天四夜，三

人乘三輪車、巴士或步行，遊遍了五羊城：越秀文化公園、廣州交易會，還去了黃花崗、烈士陵園和毛澤東農民講習所，瞭解中國歷史和革命。阿咩到沙面參觀時，想起自己爺爺曾在這裡的十三行當買辦，竟泛起了一絲的罪惡感。

謝鏡添和梁中昀去到烈士陵園，神情肅穆，在「中蘇友誼亭」前良久不語。在「黃花崗七十二烈士」墓前，阿咩想起父親跟他說過的國民黨北伐和抗日的歷史。只是人在廣州，對於這一切，有一股精神壓力，不敢再提。

廣州之行，令謝鏡添和梁中昀注入了動力。歸途上，兩人滔滔不絕：「還是社會主義祖國好，」「在香港，我覺得苦悶，只有來到廣州，才感到親切。」

「我們一定要為祖國的富強而奮鬥！」

看見兩位好友興致如此之高，阿咩也說：「廣州是我外婆的故鄉。香港只是那個反動爸爸寄居的城市。你們說得對，我覺得廣州比香港好。」

廣州之行，令「三劍俠」友誼更加堅固。阿咩住在謝鏡添的木屋家裡，更覺親同一家了。

1966 年暑假廣州之行，三劍俠發現了廣東省已有「無線電視」廣播，頓感祖國比香港先進。

第四章

1967 年

1966 年下半年，經歷過四月「天星小輪」加價「斗零」（五仙）引發的騷動後，香港社會歌舞昇平，但香港左派界，一向自成另一個紅色的城寨，涵蓋工會、左派學校、長城及鳳凰電影公司、親共的工商界、漁農界、新聞界、出版文藝、國貨公司，還有工人醫療所，職工連同家屬，在四百萬人口中約佔五十萬人。消費、作業，盡量不與「港英」統治的那個主流社會交集。雖然還是要用港幣、遵守香港法律，但精神生活上，與深圳河以北遙相呼應。

受新華社「領導」的紅色政治經濟圈中人，定期都組織去大陸參觀旅行、探親，持「回港證」過羅湖橋北上。

畢竟，還是長居於殖民地，香港的左派，對於北京的政治氣候，一向都是「靠估」。

六十年代初，因「大躍進」失敗、中共又跟蘇聯老大哥鬧翻，廣東大饑荒，數以萬計難民經梧桐寨，扶老攜幼湧入香港，左派報紙卻對此一直保持非常低調。

大陸文革席捲澳門

漸漸，大陸各地，也開始感受到一股不祥氣氛。1966 年 5 月 16 日，「文化大革命」由毛澤東〈我的一張大字報〉正式開始。

清華、北大學生和極左教授聶元梓，一起向「黨內的赫魯曉夫走

資派」開火。金庸在《明報》的社論率先指出：毛澤東要解決的「敵人」，就是國家主席劉少奇。

全國紅衛兵大串連，毛澤東被神化，鼓勵打倒「資產階級」、「臭老九」。一時全國響遍「奪權」之聲，甚至血腥的批鬥運動；對外則反對譴責美國總統詹森對越戰升級。

1966 年 12 月 3 日，澳門爆發騷亂事件。起因是氹仔一間街坊組織開辦的小學，想擴充校舍，但工程圖樣，遲遲未獲政府批覆。左派

港澳被捲入大陸文革漩渦的大字報

支持的街坊會遂自行搭起棚架，準備開工。澳門葡國政府警方，以尚未正式批准圖樣為理由，加以阻止，雙方即時爆發流血衝突，更有七人死亡，迅即擴大為全澳門的暴亂。

12 月 3 日，示威者拉倒議事亭前地的葡萄牙軍官銅像。
（圖片來源 _Vanished Archives 1967_YouTube CUP 媒體）

澳門親中華商領袖何賢，隨即拜會總督施維納，要求謹慎處理。但澳督不予理會。其後，葡國政府眼見勢色不對，改派新任總督嘉樂庇，到澳門履新。嘉樂庇接見工商界代表，成立調查委員會，本以為可息事寧人。但由新華社和港澳工委領導的「澳門中華總商會」下令，把反政府行動升級，效法紅衛兵，組織「愛國同胞」到澳門總督府門口示威吶喊。

　　葡國人是海洋民族，性格激情，哪裡忍得下這口氣。澳督下令警員，動用警棍和防暴車，驅散示威。這時「愛國群眾」憤怒升級，用貨車繩索拉倒澳門早期一位總督的銅像。警察鎮壓也加劇，防暴隊巡邏街頭，實施宵禁，並槍擊市民。

　　12月10日，廣東省「人民委員會」外事處奉命對葡萄牙提出「強烈抗議」，要求葡國政府無條件道歉、賠償、撤消戒嚴令、懲辦出動

澳門「十二‧三事件」，以澳葡低頭、左派勝利告終。

警察殺害中國居民的罪魁禍首施維納等，並保證今後不准國民黨勢力在澳門活動。

一時「解放澳門」的呼聲高唱入雲。澳門政府慌了手腳，指示全部接受廣東省提出的要求，在聖誕前夕正式認罪道歉，從此交出一半的管治權。

澳門「一二・三」暴動，以「愛國同胞」全面勝利收場，一時香港左派精神大為鼓舞，並祝賀澳門同胞取得「偉大勝利」！

澳門的暴動，令阿咩注意到謝鏡添兄弟的情緒變化。他們談起澳門的「大好形勢」。說到興起時，他倆無不雀躍：我們在澳門勝利了。毛主席很快就要解放香港！

▌大陸紅潮襲港

阿咩日間上課，金文泰中學老師對澳門暴動隻字不提，彷彿沒有發生過。街上的香港報紙，幾份主流報刊，像《星島》、《華僑》、《工商》報道澳門事件，卻說：共黨策動暴亂、澳督嘉樂庇派軍警維持秩序等等。

在謝氏父子的木屋，阿咩發現多了一樣新讀物：一本紅色的小書，用塑膠套包裝。謝鏡賢告訴他：「這本《毛主席語錄》，我們學校幾乎人手一冊，是香港以後愛國同胞的行動綱領和思想指導。」

謝鏡賢打開第一頁，朗讀起來：「領導我們事業的核心力量，是中國共產黨；指導我們思想的理論基礎，是馬克思列寧主義」。

「甚麼叫『思想理論基礎』？馬克思列寧主義又是甚麼？」阿咩問。

「老師說，澳門的愛國同胞，表現勇猛。在鬥爭期間，把葡幣當做廢紙，一疊疊沖進廁所。葡萄牙鬼嚇死了，只有投降！」

有人竟將銀紙丟進廁所？阿咩聽聞後第一反應，是爆笑！謝鏡賢狠狠地瞪了他一眼，才強忍笑意。

「作為港英統治下的中國青年，我們隨時聽從毛主席的召喚，解放香港，解放全世界！」

阿咩升讀中五，但仍上《青年樂園》派報賺零用。記得有一次，隱約聽到，幾個編輯好像在熱烈爭論甚麼「文革」、「內奸」。有人嘆息「唉！學生批鬥老師、校長……」

在「十三樓」，阿咩偶爾見到有一份《新晚報》。《新晚報》每天下午四時出版，文字淺白，重本地新聞，副刊輕鬆有趣，阿咩很喜歡讀，尤其是副刊「下午茶座」，有一個專欄「島居雜文」，作者絲韋。

絲韋的專欄，本來寫的是文化小品：今天講齊白石的畫，明天講馬連良的京戲，還寫到老舍、沈從文，他的一干京華文化友人。絲韋的文藝氣息重，抒情的散文堪稱一絕。絲韋的文章，不但阿咩喜歡讀，《青年樂園》的幾位編輯，打開《新晚報》時，也往往先看副刊，讀右上角這個專欄。

但最近，絲韋的文章少談了文化，開始講「鬥爭」，露出一點火藥味。

在報攤看到另外兩份左報《文匯報》、《大公報》，版面也出現顯著的變化：頭版標題漸趨「戰鬥格」，而且與香港完全無關。例如：「毛主席在天安門廣場第四次檢閱紅衛兵」，「首都工人學生召開革命大會誓死忠於毛主席」，「憤怒聲討黨內『走資派』」。

許多類似批判《清宮秘史》的文章佔據一整版，言詞之間不但沒有半點學術味，而且針對作者，用上了「走狗」、「叛徒」、「資產階級黑幫分子」之類。

這些東西是甚麼名堂？阿咩隱約覺得這是以毛澤東為首的「無產

階級司令部」，對另一個「資產階級司令部」開火。

　　然而，從小時跟母親去廣州的記憶，中國大陸一片貧窮，商店裡連一瓶可口可樂也沒有，人民衣衫襤褸，街上燈火昏暗，又哪來的「資產階級」？

　　爺爺和外祖父才是「資產階級」。中環的香港會所、維多利亞建築風格的高等法院、皇后大道中上來回的勞斯萊斯、西裝筆挺的洋人和高等華人經理，那些才是資產階級。

五月風暴

　　幾個月後，香港局勢風雲突變。新蒲崗大有街的人造膠花廠，發生了勞資糾紛，有工人情緒激動。5 月 11 日，政府的武裝警察很快到場，武力驅散追討工資的工人。

　　這一天，只記得天氣很熱，阿咩參加應屆中學會考。溫習的時候，聽到木屋裡的收音機廣播了人造膠花廠的新聞。

1967 年 5 月 6 日，新蒲崗香港人造花廠員工與警方爆發衝突，是六七暴動的導火線。

1967 年 6 月 23 日，防暴隊突襲廣東道膠業總工會，五十四人被捕，鄧志強等三工友死亡。

謝鏡添當晚下班回來，神情激動：「看來，抗爭的時刻到了，港英要動手了。」

不到一星期，全香港左派總動員。《文匯報》、《大公報》的頭版，換了一副面孔。「香港各界反英抗暴鬥爭委員會」成立。工聯會的楊光、黃燕芳、新聞文化界的費彝民、左派工商界的高卓雄、王寬誠，成為「鬥委會」的領導小組。

這場暴動，對於大多數市民，覺得非常突然，因為香港工人雖然收入微薄，但總算有就業，香港不至於因此要驅趕資本家，實行共產。但對於傳統左派陣營，卻早有預感，甚至高層核心人物也在磨拳擦掌，部署準備，尤其是看到不久前澳門取得的「偉大勝利」。

香港英國殖民地政府也不動聲色，成竹在胸。從澳門半年前的事態，倫敦和港督府方面也不敢怠慢，知道山雨欲來，一場對決，勢難避免。

香港左派的龍頭工聯會隨即介入，也就是當時的中國政府也必須介入。「鬥委」的成立，由低層擴展至高層、由局部蔓延全港，有計劃、

有組織、有預謀、有程序。以當時香港左派連同家屬，人口約五十萬人計算，等同八分之一總人口總動員，與港英政府對抗。

一場工潮本來很簡單——新蒲崗香港人造膠花廠頒佈十項廠內規例，制訂上下班時間與薪酬獎罰問題，令工人不滿，與警方交涉。4月底，廠方辭退九十二名工人，及後令倒模部近六百個工人失業。

5月6日，百多名工人聚於工廠門口，阻止工廠出貨。防暴隊到場戒備。但此時，有左派學校的學生到場「慰問」，馬上與警方發生衝突。警方拘捕二十一人，包括工人、在場的工會主席和工人代表。

事件至此，已經顯示，這不是一場簡單的民間工潮。第二天，樹膠塑膠業總工會發表聲明，要求警方釋放所有人等，並保證日後「不干預勞資糾紛」。

同一日，工聯會代表發動工人上街集會示威。政府加派防暴警，施放催淚彈和木彈驅散示威者，並扣捕一百二十七人。

5月12日「港九各業工人反對港英迫害鬥爭委員會」，簡稱「工人鬥委會」成立。香港的中共最高機構新華社，派代表到港督府抗議。騷亂由新蒲崗蔓延到東頭村。警方擴大鎮壓區域，然後香港政府出動英軍協助防暴佈防。

此時「鬥委會」的規模早已超出了當初的「各業工人」。

中國外交部向英國駐北京代辦處提出抗議，表示支持香港左派抗爭。5月16日，左派即成立「港九各界同胞反對港英迫害鬥爭委員會」，在工人以外包括農民、漁民、知識界、紅色工商界。此舉明顯是向倫敦示威：這場鬥爭不再限於甚麼新蒲崗大有街，而是1842年割讓香港以來，一場總清算！

北京四十萬人在首都示威，強烈支持。正在展開文革的廣州，更火上澆油，也有萬人示威活動。

紅色總號角吹響，香港左派各界遊行到港督府要與戴麟趾「對話」。戴麟趾拒見。近三千名「左仔」，5月20日開始，走上花園道，在英式維多利亞建築的港督府外牆貼滿大字報。

阿咩兒時常經過警衛森嚴的港督府，在「紅」五月中被糊成「紙府」。

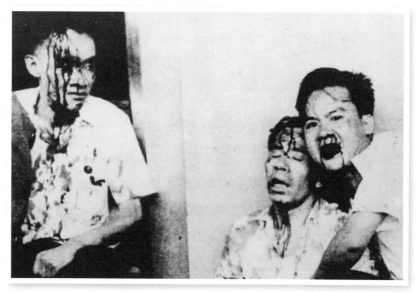

1967年5月22日，轟動國際的花園道血案照片。左起為蕭滋、馮人虎和許雲程。其後這三位聲援左派工人的中資機構也有職工被捕入獄。

港府重申：香港必須維持法律秩序，限制請願人數。左派則轉往花園道、皇后像廣場一帶聚集。

「左仔」不願撤離，防暴隊發射催淚彈驅散。此時，北角電車總站工人也張貼大字報，警方在東區出動干涉。5 月 22 日在花園道口，防暴警以催淚彈、警棍等武力鎮壓，打傷一百餘人，一百六十七人被捕。政府在港島北岸實施宵禁，為戰後第一次。

5 月 23 日，中國外交部指英國政府「態度粗暴」，限令代辦處人員離開中國。香港巴士、電車、煤氣、天星小輪等左派職工，定時罷工。英國也不示弱，派出航空母艦「堡壘號」抵達香港，與駐港英軍聯合演習。廣東省則成立「廣東省支援香港愛國同胞反迫害鬥爭委員會」（簡稱「支港」），參與表態。

騷亂蔓延到 6、7 月。香港皇仁書院、英皇書院內的「愛國學生」，相繼成立「鬥委會」和「戰鬥隊」。在校外掛起「愛國標語」。第一條就是「粉碎港英奴化教育」。連邵氏電影公司和香港一些非左派報紙，也有員工在內部響應。

此時，香港政府知道事態嚴重，發現共產黨滲透香港各階層，勢力不容低估。港督戴麟趾回英國匯報後，有軍方和情報背景的布政司姬達接手處理。左派在 6 月底發動「聯合大罷市」，大有玉石俱焚，即今天所謂「攬炒」之勢。

罷工、罷市，卻得不到普遍市民支持，7 月 2 日即停止。但與此同時，在邊境，約三百名廣東農民和民兵，向沙頭角警崗擲石頭、丟炸彈。警方反擊，雙方爆發槍戰，五名香港警察殉職。此時香港左派報紙紛紛透露：祖國打算收回香港！

然而，香港左派在情緒全面發熱之時，卻忘記了：5 月 24 日，中國總理周恩來公開提出：對「港英政府」的鬥爭要「有理、有利、有節」。懂得傾聽中國政治語言的人，就會明白，以周恩來為首的穩健

派，在大陸文革的亂局中到處救火，實不希望香港也爆發「文革」。

有指香港左派亂來一通，完全是「表錯情」，更有指是一些香港工委領導人，為了權位自保，生怕在大陸被指為「右傾走資」，先下手為強，發動的一場「香港文革」。

7月10日，在騷亂升級之中，周恩來再說一次，傳達「偉大領袖毛主席指示」，對香港「不動武」。意思就是：沙頭角民兵的武力挑釁，絕對不是中國中央政府的立場。《大公報》社長費彝民在秘密溝通下，摸到了毛周的底線：不會收回香港。

既然左派暴動升級，香港政府也相對更強硬，通過「緊急法例」，賦予警方審訊、遞解不受歡迎人物出境。7月中，暴動開始進入「炸彈浪潮」，鬧市街道，遍佈真假「菠蘿」前後數千個。繼商業電台名嘴林彬被燒死、北角清風街小姊弟誤觸土製炸彈身亡，港九兩地實施宵禁。港英政府乘普遍市民對左派不滿，大舉進攻左派文宣組織，深夜拘捕長城電影公司明星夫婦石慧、傅奇，判處新華社記者薛平監禁兩年，並大舉拘捕左報與新華社記者。

九龍船塢勞聯工會書記何楓，則在警方強攻工會之下被擊斃。紅磡勞工子弟學校，亦遭警方闖入，女校長王虹被投牢獄。

▎風暴中的阿咩

一場轟轟烈烈的社會暴動展開。謝鏡賢身在「愛國學校」，固然參與了反英抗暴的活動。阿咩和梁中昀在謝鏡添的號召下，也組織了一個「金文泰學生戰鬥隊」，以支持工人反壓迫、反迫害。在謝鏡添的木屋家中，一起用蠟紙、鋼筆，油墨印刷「蚊型小報」：宣揚「愛國無罪、抗暴有理」、「粉碎奴化教育」。

六七年八月四日，調防香港的英母艦「赫姆斯號」派出直升機空降軍警突襲僑冠大廈三座民居大樓。

家居北角書局街的阿咩，親睹從英母艦「赫姆斯號」派出直升機空降軍警突襲英皇道僑冠大廈，搜捕「左派暴徒」，感受殖民鎮壓。

英軍鎮壓　英艦隊六七暴動，當局出勤大批英軍（圖）和警察。1967年被捕後遭警察打傷的石中英說：「我不怪警察，使來認識了（退休警司）James（林占士），我問他：我何要毒打一個小孩？他答我：是因為恐懼。」　　　（黑白資料圖片）

（上圖）1967年7月14日，英軍軍警圍攻九龍船塢勞工聯合會及紅磡勞工子弟學校，標誌港府「反守為攻」的轉捩點。工會書記何楓被警槍殺，勞校校長王虹被捕，另十七名工會會員入獄。

（左圖）「緊急法令」、「戒嚴令」下的1967年，英軍和防暴隊在軒尼詩道巡邏。後為阿咩出獄後服務的《新晚報》總部「國華大廈」。（2012年5月《明報》報道）

工會書記何楓與另外十五位從 1967 年 6 月至 10 月的死難工友在 1973 年共葬於
粉嶺和合石墳場。在六七事件 45 周年的 2012 年 5 月，終於迎來第一場公祭。(《南
華早報》報道)

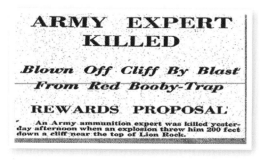

1967 年 8 月 21 日《南華早報》關於在獅子山因「拆彈」而殉職的英軍軍火專家
Colin Workman 的報道。2010 年 11 月 18 日，遺孀獲英國追頒 Elizabeth Cross
勳章。

1967 年 8 月 24 日商業電台 DJ 林彬及其弟在座駕內被自稱「鋤奸隊」的汽油彈
燒死，成為「六七暴動」中一標誌性事件，現仍為懸案。圖為在窩打老道被焚毀
的林彬座駕。

梁中昀的姊夫是巴士司機，摩托車業總工會也遭到「港英」警方衝擊和拘捕。工會一片紅彤彤，梁中昀帶阿咩去過兩次，發現「罷工」工友們天天在召開聲討港英的鬥爭大會，朗誦《毛語錄》，向會堂中央懸掛的毛主席像舉拳宣誓：「不鬥倒港英，誓不罷休。」

這時「讀書會」早已結束。但《青年樂園》的社長李廣明、總編陳序臻等，已為香港政府秘密監視、跟蹤，報社甚至被搜查。

此後不久，《青年樂園》也配合最新形勢，在 8 月 11 日，出版副刊《新青年》。一反《青年樂園》多年來平淡中和的風格，號召青年學生，批判「港英當局」的種種壓迫。

不僅如此，左派出版界名下的一些本來全無政治傾向的刊物如前《青年樂園》社長汪澄主編的《小朋友畫報》，在 6 月號的一期也出現了「三元里人民反英鬥爭」的連環圖，與過去的西洋童話、民間故事的色彩告別，染上一層鮮紅色。

港英政府見此，當然不敢怠慢。認為文宣、教育、電影事業，是香港左派暴動的「軟力量」堡壘。三份外圍左報：《香港夜報》、《新午報》、《田豐日報》，因為煽動暴動，連同承印的南昌印務公司的董事長李少雄和經理翟暖暉，停刊的停刊，拘捕的拘捕。「愛國同胞」對「港英及其走狗」的仇恨情緒到了歇斯底里的高峰。

1967 年盛夏，阿咩中五，準備香港中學會考。謝鏡添高他兩級，已經畢業。然而，謝鏡賢就讀的培僑，當年要抵制港英「奴化教育」，跟其他愛國學校，大都不參加香港中學會考。畢業生多因沒持有會考證書，英文也不濟，只能到中資機構找份小差，收入微薄。而一些官、津校的激進左生，中學會考竟以「擔梯」為榮。「梯」者，「H」也，是不及格和最低的級別。中國文化大革命期間，稱知識分子為「臭老九」，更有云：「知識越多，越反動！」

雖有時回家，阿咩草草看望父親。但大坑山上的木屋卻變成戰鬥

基地，令他很感刺激。阿咩對於「港英」也越來越反感。只恨自己父系，出身反動資本買辦階級，比不上謝鏡添和梁中昀的無產階級愛國。

但再想想，母親是招商局職員，雖然較為隱蔽，但總算是得分。在這場轟烈的革命中，阿咩忽然想起，不知道她有沒有揮動著《毛主席語錄》，加入示威隊伍，還是撤退廣州，與祖國親人一起，在大後方指揮籌劃？如是，三弟也不是正支援我們呢？

此時全港的愛國學生，也紛紛組織「戰鬥隊」，印刷不下百份的「蚊型小報」。陸續開始，有「愛國學生」被捕。如：漢華女學生張普璇，此時成為「紅色女將」，也以在法庭上「毫不懼色」地質問法官：「有法西斯的法律，便沒有人民的法律！」一時引起轟動。

氣氛一天比一天惡劣，但謝鏡添兄弟卻一片大無畏。梁中昀非常積極，金文泰也愈來愈多學生參與「戰鬥隊」，木屋成為「後勤部」。一群少年伏案，以針筆和蠟紙，編寫《挺進報》後，用油墨紙張手工印製，實行以「筆桿子」當作「槍桿子」，進行「反英抗暴」。阿咩想起《青年樂園》的長輩、想起讀書會，今天竟當上油印小報的作者、主編、印務、發行，不禁有點沾沾自喜。但遺憾的是，「戰鬥隊」為了保護自己，嚴禁當「派報員」。

《挺進報》看似是草草定下來的名稱，其實是參考讀書會讀物《紅岩》中，進步學生所看的地下革命報刊。謝鏡添認為這份紅色小報，應撒遍全香港的「官津補私」學校，讓所有中學生覺醒。

所謂「官津補私」，指官立、津貼、補助和私立學校。

香港左派，在幾家老牌的官立中學早已「落釘」：皇仁、英皇、金文泰、庇理羅士是其中佼佼者。至於教會開辦的補助學校如聖心、聖保羅，多建立於開埠初期，也因校規嚴謹，左派勢力稍遜。津貼學校如真光、培正，進步力量也不如官校。至於私立學校如威靈頓、新法，一向多被視為只懂收學費的「學店」，以「飛仔流氓」居多，這

「讀書會」讀過的小説《紅岩》,《挺進報》是書中小報的名字,金文泰「戰鬥隊」的小報便以此命名。

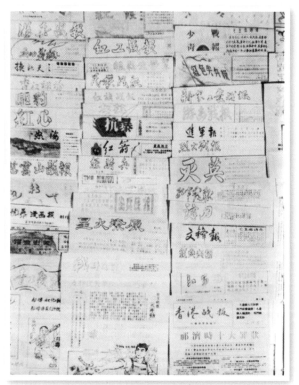

「反英抗暴」期間,上千種手工油印的小報。印製、藏有、派發均成「煽動性標語罪」,卻成為了英殖香港獨有的文化遺產。

些人「思想」一貫更「落後」,所以左派滲透的地下學生,還是在皇仁、金文泰這類最盛。

香港社會氣氛突然大變,這批「愛國學生」也像突然服了濃醇的興奮劑。

六七暴動開展之時,阿咩正在準備會考。由於在金文泰成績不錯,阿咩成竹在胸。七月放暑假,阿咩有如呼吸到自由的空氣,覺得自己成熟了。與金文泰同學一起,參與了正義的抗爭活動,感到無窮的快樂。

然而，不久傳來消息：梁中昀會考成績不理想，也可能是政治立場曝光了，不能升讀中六。而阿咩，就成功獲理科班取錄，還有幾天便要開課了。眾所周知，在中文中學龍頭學校金文泰唸預科，就等同半條腿跨進了中文大學。

　　謝鏡添和梁中昀不約而同勸告阿咩：「港英」準備在官校「舉起屠刀」，不要作不必要的犧牲，注意保存實力，長期作戰！

　　但是在木屋裡編寫小報的熱情，令阿咩對潛在的危險，懵然不覺。大坑山下一片喧騰，阿咩覺得香港快要「解放」，身為紅色少年，更要為參與這個不凡的時代，而及時作出貢獻。

　　梁中昀托謝鏡賢轉告阿咩：一切小心，保存實力。傳單戰報，是最後一期了，你不要再搞，要保護自己，也是保護金文泰的革命戰友。

阿咩畢業了（第三排，左一），好友梁中昀在後排左二。中五理甲班主任曹松齡老師（中坐者）為咩父在廣州嶺南大學化學系的同學。

1966-1967 年度金文泰中學應屆畢業生
「紀念冊」內的阿咩。

楊 宇 杰

天真無邪，稚氣未消，然富於
同情心，特別喜歡跑斜路。

阿咩中學畢業證書的簽發人為何中中（1967 年 8 月 31 日），也是他在真光小學
時的校長。翌日的 9 月 1 日阿咩被捕。此畢業證書為 1710 號，而阿咩的「赤柱大
學」入獄編號為 28171。

懵然被捕的第一個官中學生

8月底一個炎熱的夏天，阿咩用鋼筆和蠟紙，在木屋撰寫傳單戰報。謝氏兄弟調油墨印刷。三人合作，剛印好了一疊新簇簇的。阿咩心想：既是最後一期了，更要寫好。「戰報」印好後的第二天上午，木屋的戰鬥基地，只有阿咩和謝鏡賢。阿咩建議謝鏡賢各自用書包把「戰報」拿下山，交給梁中昀的金文泰戰鬥隊，再回校廣泛派發。

穿著金文泰白衣白褲校服的阿咩，與身穿培僑白恤衫藍褲校服的謝鏡賢一同出了門，向山下走。

1967 年 9 月 1 日，阿咩與謝鏡賢在大坑山木屋區的入口處被捕，對正真光中學。

「不如落了大坑道後，我們兵分兩路，以免一起被捕，戰報全部沒收。」謝鏡賢馬上答應，兩人商議：在梁中昀灣仔的家集合。

兩人沿大坑道經過真光中學門口，不遠處果然有一輛警車停著，在監察木屋區的動靜。幾個軍裝警員，看見兩個同行卻穿著不同校服的少年，馬上警覺。

謝鏡賢也警惕，看見幾個警員注視著自己，馬上低聲對阿咩說：

「有動靜！我們不如折回去。」還故意高聲對阿咩說：「不如回去看看信箱有沒有信？」

阿咩還沒答話，謝鏡賢早已向後轉，折返木屋區入口眾多郵箱擺放處。幾個警員在遠處呼喝：「你兩條嘅仔咪行住，停低！」

警員衝上來，其中一個把謝鏡賢一手抓住：「呢個一定係左仔！」不由分說，搶過書包來搜索，果然發現其中藏有「煽動性物品」。

幾個警員大罵：「你兩個死左仔，食得禾米多。咁細個就想作反？！仆街，今日恭喜你！」不由分說，警棍如雨下。打了幾分鐘，再將兩人押回木屋，作地毯式搜查，終在地板下搜出油印用具。證據確鑿，於是兩名少年被扣上手銬押下山，並推上警車。

突生巨變，阿咩感到一陣天旋地轉，一時「驚」、「喜」交集。

驚：自己被捕，鐵窗滋味終究令人驚懼。卻亦有一絲歡喜：求仁得仁，自己終於能為祖國犧牲了！看看謝鏡賢，他在鄰座被一個警員扭著，也回望著自己，眼中露著堅毅的神情，微微點頭，暗示「要堅持下去」。

警車開到海旁告士打道的灣仔警署，從後門進入停車場。阿咩和謝鏡賢被帶進一個有關公像的大房間，房內有十多個彪形大漢，穿著夏威夷恤衫，露出獰笑。後來阿咩才知那些是「雜差」，即便衣警探。軍裝警察把兩名少年交給那些便衣後，即被分別帶到「雜差房」的兩端，六名大漢一句話也沒問，便將阿咩圍在中間，輪番拳打腳踢。另一端的謝鏡賢也被圍毆。

這六個中年大漢，身型肥胖，一面打，一面高聲粗言穢語的喝罵，語帶潮州口音。

當年的警隊，基層都僱用潮汕裔，多半為忠於蔣介石台灣的右派和退伍軍人。而且 1956 年「雙十暴動」之後，香港的親台人士，對共

在灣仔警署內，十六歲的阿咩默默承受了人生的第一場毒打。

產黨的不滿壓抑日深。這些人都是四大華探呂樂、藍剛等的手下，有貪污行為，最怕共產黨解放香港，清算舊帳，他們也死無葬身之地。所以對付左仔，絕不手軟。阿咩落在他們手裡，命運如何，可想而知。

六名大漢不停地毆打個多兩個小時，把阿咩打得金星迸冒。身上的校服，佈滿鞋印；手臂大腿，則是紅紅的瘀痕。儘管如此，阿咩從頭到尾沒喊過一聲痛，或流過一滴淚，他也沒聽到謝鏡賢發出過任何叫喊。

毆打了一輪後，大漢們忽然停下，其中一人遞過來一個塑膠水杯，說：「死嚫仔，你都口渴喇，飲杯水先啦。」阿咩心中奇怪：「咁好死，俾水我飲？」接過水杯，一看，見水中浮著一條條黑色的東西，好像是頭髮。但阿咩亦真的口渴了，雖然疑惑，還是把水喝下。但心想，頭髮那麼髒，怎能入口？於是用舌頭把頭髮隔掉。後來在域多利拘留所，才從其他囚犯的口中，聽到傳聞頭髮碎，會令內傷永遠醫不好。聽後，真不明白，自己與那班便衣素未謀面、無仇無怨，為何要如此黑心？幸好自己有點小聰明，把頭髮頂回去，才不致被殘害終生。

飲水完畢，又是一輪毒打，直至大抵他們都手軟了，毆打才停止。阿咩低頭，只見自己一身本來潔白的衣褲，如今黑中披紅，鞋印混和血跡。便衣們把兩個少年，關在用鐵枝圍起的羈留室，裡面已有幾個成人刑事犯。羈留室沒有窗，兩人過著不知晝夜的日子，也不知過了多少天，只記得每次警察換班都要「交人」，即把羈留的囚犯數一遍。

「交人」後，照例又是一輪毆打，邊打邊罵「死左仔」！

被困在羈留室的日子，最痛苦除了不時被拳腳招呼外，就是「冇床瞓，冇涼沖」，也沒有人來探望，他與謝鏡賢也不敢多交談，因為外面就是警察，多發出點聲音都會招來一番毒打。也不知過了多久，突然一名軍裝警察對阿咩說：「嘅仔，你都大面喇，要去 SB。」甚麼是 SB？這時，他不禁想起《紅岩》、《野火春風鬥古城》、《青春之歌》等書中有關被捕共產黨人被國民黨酷刑逼供的情節，心想：難道這命運就即將降臨？

阿咩被私家車送到灣仔警署附近，軍器廠街警察總部旁一幢兩、三層高白色舊式樓房，原來這就是政治部（Special Branch）所在。

政治部（SB）管轄的摩星嶺集中營。作為「六七暴動」中首位被捕的官立中學學生，阿咩曾被送進「政治部」灣仔總部查問，落口供。

政治部是由英國軍情六處直接管轄，香港的負責主管是副警務處長，一定由倫敦指派，不會由華人出任。雖云「副」，其實比處長權力大得多，每個星期都會跟港督見面食飯，直接匯報工作。回歸前兩年，政治部解散，幾百名職員全部給予居英權甚至英國護照，很多到英國定居，以免他們洩密。

阿咩被帶到 SB，確是接受問話，但沒有被酷刑逼供。問話的人，態度也很斯文，原來是政治部探員。

「你朋友已供出金文泰的搞事分子了，你也快些招供，誰是帶你搞事的頭頭？」然後講出了一串名字，當中確有他在金文泰戰鬥隊的好友。不知這是否真的，或是謝鏡賢招供的，還是警察搞分化，只想到，這些人還在學校，絕不能暴露身份，必須保護他們。於是，只說出早已畢業離校的謝鏡添，是他兄弟二人帶著自己印小報的。裝扮成只是被左派學校朋友教唆的無知少年，希望他們不會繼續逼他供出金文泰裡的戰友。

後來才得知，原來自己是這場暴動中，第一個被捕的在校官立中學學生，所以「大面子」地要出動 SB 來「招呼」他，目的大抵是想查出，左派滲透官立中學的情況。

阿咩繼續在灣仔警署拘留了幾天，沒有審訊，暗無天日，也不知道自己會被控甚麼罪名。因為暴動期間實施「緊急法例」，這類政治犯可以無限期拘留，不必四十八小時內去法庭。

過了近一個星期，一架警車將阿咩和謝鏡賢帶到中環的域多利拘留所。域多利緊連著中央裁判署，還有中央警署，即現在的「大館」位置，是十九世紀殖民地政府便於管治罪犯的一處兩權集中之地：當時警署捉來的疑犯，可就地拘留，然後押往隔鄰的裁判處審訊。

這時，阿咩跟謝鏡賢已被分開囚禁。心想：可能是威懾，令他們各自與刑事犯混在一起，或會被欺侮或甚至性侵犯，阿咩雖有點擔心，

但並不畏懼。

在域多利拘留所，
品流複雜，拘押的包括非
禮、強姦、盜竊、搶劫犯
之類。阿咩與其他短暫拘
押的兩名成年囚犯關在一
起。拘留所的囚室很小，
三個人擠在一起，或睡或
站或坐在水泥地上，阿咩
看著兩個四十多歲的「老
屎忽」（積犯），天天在吸毒。

阿咩兩進兩出的域多利拘留所，前後住了十天，
今活化保育為「大館」。

「嗰仔，你衰乜？」

「我只是印刷傳單，未派已經被拉啦，是一些愛國傳單來的。」

「哦！你衰愛國！我哋叫你哋『堂口』啲人做『老祖』，呢度做
『阿羊』（未入黑社會者）會俾人蝦。我哋係『聯英社』嘅，不如你
跟我哋啦，日後無論你判幾多『籠』（監房術語，即『年』），入到
去赤柱，我哋老聯有好多兄弟。做咗我哋會員，你就好似喺中學學識
中英數理化，走遍天下都唔怕喇。」說罷，哈哈大笑。「監獄之中有
各個堂口，有雙英、四大、老潮、和安樂、十四K、水房，以我哋『老
聯』實力最勁。所謂良禽擇木而棲，細佬你諗清楚。」

兩名江湖人士游說招攬會員，語氣溫和。阿咩聽著，覺得像課堂
裡的教師，也是平常人。他們見阿咩沒有哼聲，說：「嗰仔，睇你斯
斯文文，唔跟我哋就唔勉強你啦。不過如果有人蝦你，你就撻『老聯』
啦！我哋堂口好大，佢哋唔敢郁你！」

過了許久，其中一人突然說：「嗰仔，你可唔可以疴篤尿俾我哋
飲？」

阿咩驚訝地問：「點解要飲我啲尿？」

「你幾多歲？」

「十六。」

「咁你即係未咩過啦，你啲應該係童子尿……咁你知唔知道，童子尿有咩用？」

阿咩搖搖頭。

「可以醫內傷㗎！」說罷拿出一個漱口盅，遞給阿咩，等他撒尿。阿咩轉過身去，半信半疑地撒了半泡。兩人如獲至寶，權威地教導：「嗰仔，飲尿都有學問嘅。記住，尿上面啲泡係有用嘅，撇走佢，底啲渣亦都唔好飲！精華呢，就喺中間。」

說罷，便一個個飢渴滋味地輪流「品嚐」。囚犯眼見還剩少許，便對阿咩說：「嗰仔，你都飲啲！」

「點解？」

「咁你有冇俾人打過？」

「有呀！在灣仔警署俾人打咗成兩個鐘！」「咁你即係有內傷啦！就一定要飲！飲啦！」說罷便把漱口盅塞給阿咩。阿咩不禁猶豫。最後把心一橫，也喝了一口。

有人說：「女人交朋友，要靠說是非。男人交朋友，要靠飲酒。」阿咩則在拘留所，用童子尿交了兩個「難友」。

「嗰仔，我哋就飲咗你啲尿啦。我哋依家獎啲好嘢俾你啦！」

阿咩問：「有乜好嘢？」

「追龍囉！」吸毒的囚犯，露一口黃牙，在阿咩面前蹲著，不知由何處拿出一張錫紙，然後摸出一個小紙包，小心翼翼地將一些白色粉末倒在錫紙上。其後，另一隻手拿點著了的火柴在錫紙下烘。粉末隨即聚成珠狀，在錫紙上開始滾動。囚犯見狀，立即熟練地含著火柴

盒，追吮著滾動的白珠，拼命吸納。阿咩後來才知道道友剛才的舉動還叫做「吹口琴」。

「嗰仔，你要唔要試下，快活過神仙㗎喎！」

阿咩禮貌地搖頭，拒絕了「難友」的好意。

在域多利拘留所一天天過去，日子很漫長。不知過了多少天，阿咩終於由獄卒押解上法庭「過堂」。

在前往法庭的一條走廊上，忽然看見長凳上坐著幾個中年男女，其中一人偶爾回頭，跟阿咩打了個照面。阿咩心裡暗驚：「那不就是翟叔叔嗎？」

翟暖暉，就是真光小學同學翟惠洸的父親，1967 年為左派外圍報刊印刷的南昌印務公司的經理。8 月 9 日凌晨，與《香港夜報》社長兼《新午報》董事長胡棣周、南昌印務公司董事長李少雄、《田豐日報》董事長潘懷偉及督印人陳艷娟，一起被港英逮捕，控以刊登煽動性文字及「意圖引起警隊成員不滿」等罪名。

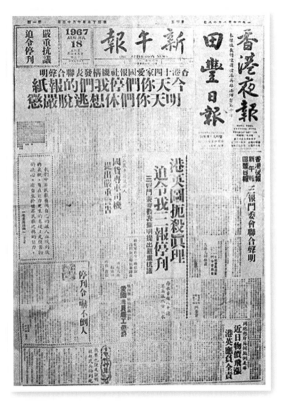

1967 年 8 月，親中報章《香港夜報》、《田豐日報》、《新午報》被港英當局查封，其負責人被捕、印刷三刊物的南昌印務老闆翟暖暉亦被捕入獄與胡棣周、潘懷偉、李少雄等「五君子」，成為「赤柱囚徒」。

阿咩趁庭警走開，迅速地蹲行至翟暖暉身旁，叫了一聲：「翟叔叔。」

翟暖暉愕然，注視眼前這少年，好一會才認出是女兒的小學同學「杰仔」，不禁又吃驚、又心痛地，一把抓著阿咩的手，說：「楊宇杰，怎麼你也會在這裡？」

阿咩向他略說始末。快五十歲的文化人翟暖暉，看見阿咩手臂、臉上的傷痕還未退，大為激動：「想不到，他們連你這樣小的孩子也不放過！」

此時庭警的腳步聲漸近，阿咩怕自己的離開引來不必要的麻煩，復又迅速蹲行回至原地。偶爾回頭，見翟暖暉正淚如泉湧。

終於輪到阿咩上法庭了。法庭的旁聽席，赫然有自己的父母。父親楊液池表情木然，但眼神卻充滿憐愛、沮喪和失望。旁聽席另一邊的母親，表情卻甚為堅定，眼神裡流露著鼓勵和肯定。多年分隔的父母，現竟共聚一室，只是沒想到，那是在法庭。

宣讀控罪的時候，見媽媽革命意志堅定的神情，向自己遙遙略點一下頭，心中不覺一熱。

白人法官進庭，庭警號令起立，阿咩沒有起立。心想：我始終是中國人，香港是中國的土地，而這是殖民地政府的法庭。六七月之間，許多愛國同胞被捕，他們在法庭上，都用各種方法和港英鷹犬作鬥爭，甚至還有向法官扔鞋。自己是個學生，是斯文人，不會扔鞋，不起立致敬，就足以表達對「港英」及其鷹犬的蔑視了。

庭警見阿咩拒絕起立，即用警棍大力敲打犯人欄，聲如雷響，以示威嚇。阿咩心知若不起立，過後一定免不了再有一場毒打，唯既然剛才已竭力裝勇敢，此時沒理由軟弱下來。法官見阿咩全無起立之意，不禁怒目而視。但可能這幾個月來已見慣了這種「刁民」舉動，也沒加理會，開始示意檢控官宣讀罪名。

檢控官高聲宣佈在大坑道拘獲這名少年疑犯，控告他藏有煽動性標語。

然後法官問：是否認罪？阿咩心想：甚麼是煽動性標語呢？我不過是油印了一些小報，內容只不過是「粉碎奴化教育，愛國無罪，抗暴有理」，又有甚麼罪可言？斷然否認控罪。

阿咩自然沒有甚麼律師，卻想為自己抗辯，心想：如果能在法庭舌戰港英法官，也是為祖國長了志氣。

但一看見旁聽席上的父親面帶寒霜，他內心一定很痛苦。於是將法庭上大義演說的一股慾望，給壓了下去。

法官宣佈退庭，擇日裁決。因為被告未成年，宣佈將阿咩轉介感化院，接受感化官的評估。

過堂完畢，庭警押阿咩往一個房間。不久，父親和廿二舅父進來。父親一步衝上前，抓緊阿咩的手，急促說：「你犯了這樣的大事，趕快認罪。爸爸已替你找了律師。他已為你向法官求情，認為你只是一時不慎，誤交損友，上了共產黨的賊船。只要你認罪，不會留案底，我馬上送你去外國讀書。」廿二舅父點頭稱是，也勸阿咩聽從父親的安排。

阿咩想不到，向來與母親親厚的廿二舅父，竟然會站在父親的一邊，勸自己認罪。本認定自己無罪，但對父親的苦心，心中不免一熱。對父親的勸說，也不免心動：如果認罪，很快便無需過鐵窗生涯，更可繼續學業。

但，又回想起，在灣仔警署遭到六名「雜差」不問情由，一輪毒打，如此殘暴，這筆賬一定要算。這時，一腔怒火，已經不只是甚麼反英愛國，而是出於一己手無寸鐵、慘遭毒打激起的極度反感，於是還是對父親說：「爸爸，我根本沒有罪，為甚麼要認？」

楊液池聽後一言不發，一個大男人，竟趨前，伏在阿咩的肩膀，默默抽泣……

　　父親和廿二舅父無奈離去，留下阿咩獨自一人。又不知過了多久，庭警領著何玉清推門而至，她精神抖擻，雙目炯炯有神。阿咩還未定過神來，她即搶前對他說：「阿杰，你做得對。要堅決鬥爭！」

　　許久沒有見過父母的阿咩，面對他們截然不同的立場，心中開始隱約明白，父母離異背後的因由。

　　見完父母後，阿咩隨即被押往赤柱感化院接受感化。原來，當日警察在灣仔警署錄下阿咩的個人資料之後，隨即派人到北角書局街找楊液池。警察進屋時，楊液池在外上班，二弟宇恆剛放學，看見警員大批掩至，大驚。警察在楊液池的家中搜索一通，沒有發現。最後，感化官對於阿咩的身世已經作了總結：並非紅色共黨家庭出身，父親到底是一名守法的教員，可能只是受在招商局工作的母親影響「誤入歧途」。

赤柱感化院（後為馬坑監獄），等感化報告住了七天的阿咩，迎來了人生第二場毒打。

　　到了赤柱感化院後，阿咩被押往面見感化院院長──一個英國人。一邊看著阿咩的檔案，一邊用英語質問：「你是金文泰中學的學生，你知道政府和納稅人，正在培養你成為人才，為甚麼要參加這種共產黨暴亂，反對政府？」

　　「因為我係中國人，身上流嘅係中國人嘅血！」阿咩也用英語，堅決回答。

感化院院長憤然說：「你現在犯了罪，破壞社會安寧。你的思想太危險，不再適合居住在香港。我將會寫報告給法官，滿足你的願望。將你遞解出境，讓你回去你熱愛的中國。」

阿咩頓時熱血盈胸，不甘示弱，高叫：「香港是中國的土地，要離開香港的應該是你，你回你的英國，吃你的薯仔去吧！」

好多年後，阿咩才知道，原來對香港出生的人，是不能遞解出境的。這位感化院院長不知是對殖民地法例也不熟悉，還是虛張聲勢。

感化院院長看見眼前這個少年頑固不受感化，怒火沖沖地將手上的文件擲下，起身用力拍了拍桌面。隨即喚來獄卒，示意他把阿咩押離房間。獄卒斥道：「死嘅仔，得罪院長，一陣你就知味道！」阿咩見駁得院長無言以對，還沉浸在精神勝利的暢快之中。

阿咩隨即被押往感化院的院舍，和所有未定罪的少年刑事疑犯住在一起。院舍是二、三十人一個倉，四邊擺放了碌架床，中間有個公共空間。阿咩被押到感化倉，獄卒向其中兩名囚犯耳語一陣，然後離開。

門一關上，那兩人兇神惡煞地走到阿咩身旁，指斥說：「死嘅仔，院長都敢得罪，未死過？」

同倉的二十幾個少年犯隨即圍了上來，不容分說，就對這個毫不相識一百磅不到的瘦弱四眼少年，拳腳交加。阿咩這次比上次在灣仔警署被打得更厲害：有時被拳頭襲擊、有時被拖地踐踏、有時施暴者更會拉住碌架床的上層床板借力，凌空飛踢過來。阿咩只知道自己一時飛起一時墜地，只感覺到在拳腳停頓的瞬間，全身不自覺地顫抖，但拳腳隨即又再飛來。最後阿咩被打得漸漸麻木，彷彿已不太懂得疼痛，即使全身上下都變了瘀紅色，部份還在滲出鮮血⋯⋯

也不知過了多久，遠處傳來開鐵閘聲，一名獄警衝了進來，隨即在身後抽出警棍，作勢向人群敲去，假裝喝止道：「邊個打交，全部

踎低！邊個帶頭？」

此時，二十多個少年犯不約而同地指向阿咩。獄警望了望阿咩：「仆街仔，你一到就搞事！罰你去洗五日廁所，唔准用布，用手洗乾淨佢！」

阿咩就這樣，徒手洗了五日廁所。出身名門，自小過著少爺仔的生活，出入有工人照顧。後來雖然家道中落，甚至要住在山頂木屋區朋友的家中，但生活雖然困苦，亦不至淪落如此。當被迫徒手處理別人的污穢物時，阿咩深切地感到這是一種非人的羞辱。

身陷赤柱牢獄

過幾天，阿咩被宣召到中央裁判署，聽取裁決。法官宣佈：根據感化院院長報告，認為被告雖然未成年，但思想極端，行為有進一步反政府的傾向，為保障社會安寧，以緊急法令下的「藏有煽動性標語」罪名，判處阿咩即時入獄十八個月。

阿咩聞判，不知從哪裡來的一股憤怒血氣，立馬從座位跳起，振臂高呼「抗議非法審判！」、「愛國無罪，抗暴有理！」

父親聽見判決，面色刷白，兩手有點顫抖；母親則面露微笑，堅毅地向兒子點頭，彷彿隔空在吩咐他：你是對的，在獄中要記住祖國、記住母親、堅持鬥爭下去。

囚車由中央裁判署開往赤柱，阿咩這次進的不再是感化院了，而是頂頂有名、高度設防的「大祠堂」，即是又被政治犯稱為「史丹利大學」的赤柱皇家監獄（Stanley Crown Prison）。

小小年紀，便食皇家飯了。

同車上的囚犯竊竊私語，「一陣要爽手一點，不然會被大力通櫃……」阿咩心中不禁一驚，想起域多利拘留所，兩名囚友曾跟他說

洋法官以「藏有煽動性標語罪」，判十六歲的阿咩入獄十八個月。

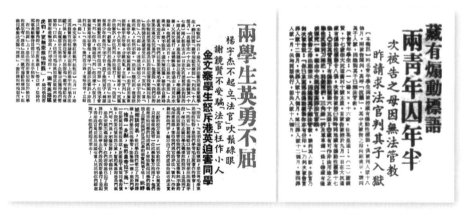

《文匯報》（左）、《工商日報》（右）在 1967 年 9 月 20 日的不同報道，報道各異。
「求仁得仁」後，阿咩和謝鏡賢終於入冊「赤柱」。

過，入獄第一大痛，就是「通櫃」。獄卒一般會探囚犯的肛門，以查驗有沒有私藏毒品。

到了赤柱監獄，阿咩被帶往接收房。獄警核對阿咩的身份後，著阿咩脫個清光，並交下所攜帶的全部物品，一起放進小袋「打包」並簽名核實，待出獄時歸還。然後，他被領往排隊，接受檢查。阿咩隱約看見前面的囚犯被下令來回蹲下起身，心想：這難道就是俗稱的「通櫃」？不過輪到了自己時，正準備接受「酷刑」，沒想到正在閒聊的獄警，卻示意自己通過。阿咩舒了一口氣，以為自己受「優待」。但五十年後，他才得知一切也只是傳聞，所謂「通櫃」，只用來招呼「道友」。對於他們這些少年政治犯，就沒有這回事。

獲發囚衣，上面赫然印著一串數字：「28171」。獄警告訴他：「呢個，就係你以後喺呢度嘅代號！佢可能跟你一世，日後再入嚟，都係呢個號碼！」阿咩默念著，原來自己，就是赤柱監獄有史以來，第28171個囚犯；日後自己在獄中再不是一個「人」，只淪為一個號碼。

「六七少年犯」竟入冊高度設防的監獄，YP 阿咩在 G Hall，倉內度過了十七歲生日。

其後，阿咩與二十多個赤條條的新犯，被領往一間中空的大房。獄警喝令：「全部埋牆，企好！」

其他囚犯一窩蜂地湧向前，阿咩羞怯地跟上。隨著「嘶嘶」聲響，但覺身後噴來冰冰涼涼的水。這時阿咩想起自己小時候還是養尊處優的「大官」，晚晚女傭都用大木桶載著燒好的熱水為他洗身。這時，獄警亦大喊一聲：「沖涼！」二十多人隨即爭搶肥皂擦身，搶不到的，就沾其他人身上的肥皂。阿咩不敢沾，又搶不到，猶疑間，背後又噴來冷水。待水停了，遠處傳來「沖完！」的口令。頓覺仿若置身豬欄內的一頭豬。

畢竟，對於多日沒有洗澡的阿咩來說，又真是「久旱逢甘霖」。整個過程，前後不夠三分鐘，眾人魚貫而出。在年幼矮小的阿咩眼中，剛才的畫面十分有趣，甚至壯觀！自己從沒有和這麼多男人，赤裸相對。其中不少老皮老骨，肌肉皮膚鬆弛下墮，體現歲月痕跡，成為獄中難以磨滅的滑稽一幕……

獄警過來指導阿咩穿囚衣。原來，短褲沒有褲鏈、褲頭更沒有褲帶和橡筋，就像舊日的男人唐裝褲，褲頭要先左右對疊覆上，然後由褲頭向下捲折數次才能固緊。阿咩還獲發一張草蓆，上有兩張粗糙的毛氈，麻包袋般的質地；還有搪瓷的臉盆，盆中有面巾、一套漱口盅、牙膏和牙刷及一雙塑膠拖鞋。

因為未成年，阿咩分配到在近監獄醫院旁的「少年囚犯倉」第七倉，稱 G Hall，也即是「YP」（Young Prisoners）倉，可囚三百人。自從「五月暴動」以來，政治犯人數，已超過了刑事犯。

進倉前，先聽監獄規則及分配工作，工作包括車衣、編織籮筐。監獄規矩：必須嚴格遵守規則，不准喧嘩鬧事。但在走廊通道，阿咩被解往囚室時，卻聽見四周響起革命歌曲。心中驚疑的同時，又有一分慶幸，原來自己不是孤身上路，史丹利「同學」，還有許多「戰友」。

獄警大叫一聲「收人」，即有幾名分別代表各個黑社會組織的蛇頭出來，領走屬自己社團的新囚犯。「14」、「水房」、「老聯」，

各自歸隊。獄方採取「以黑制黑」政策，每個堂口選一、兩個蛇頭，維持自己幫派中人的秩序。

政治犯也有自己的「蛇頭」，他身材高大，自我介紹說：「我叫錫仔。」熱情歡迎阿咩等新戰友。

十八個月刑期，即使「行為良好」，三分二時間跑不掉了，亦即在這個地方，要困上最少一年。

一個囚室會囚禁三人，或是一個人，絕不會是兩個，以防發生打鬥時，有第三者可做證。初進赤柱時，阿咩被囚在 G Hall 的單人房，後來才調到一間三人房，同一囚室的都是政治犯。

囚室呈狹窄的長方形，鐵門旁有兩個有蓋的膠桶，一個盛供飲用生水，一個盛便溺。每朝，囚犯輪流負責打水和清倒穢物。囚犯要席地而睡，領來的兩張氈，一張鋪地一張做蓋被，每日起身都要把氈褶到起角。有次阿咩睡至半夜，忽然覺得背癢，一摸，原來毛氈下是條手掌長的毒蜈蚣！

囚犯每星期沖三次涼，每天放風半小時，可以在戶外的庭院散步活動，這是唯一跟其他囚犯接觸的機會。政治犯來自各行各業：工會、中南銀行、金城銀行、南商銀行的職員，還有左校生。這些單位，以前阿咩聽都沒聽過。如今卻同處一個大熔爐，阿咩感到彷彿來到一個大家庭、大學堂，認識了許多不同領域的人，尤其知悉產業工人的苦況，視野擴闊不少，難怪愛國同胞都稱這兒為「赤柱大學」了。

被捕至今，已奔波了三個幾禮拜，由灣仔警署到域多利拘留所，再到赤柱感化院，之後又回到域多利，最後來到這裡。雖然背著十八個月刑期，但終歸安定下來，偶被獄警打幾下，總比之前的誠惶誠恐和毒打好。

已經是 9 月底，剛過中秋，天氣漸涼。阿咩一進赤柱監獄，就趕上「盛事」。

YP 絕食抗爭

第一天放風，即聽到其他政治犯低聲互通：準備一同絕食。原來YP倉裡，許多「愛國」囚犯，為了爭取慶祝十一國慶，寫了一封申請信，派兩名代表，在「監頭」巡倉時呈上。結果，獄方在午飯後，便派黑社會監犯打遞信的代表，更拉了兩名代表和兩名黑社會分子，誣告他們打鬥，罰囚在水飯房。

為爭取釋放兩名代表和慶祝國慶，愛國囚犯正在醞釀絕食。

監獄內出現對抗，證明「反英抗暴」鬥爭不限於街頭，革命戰線和同志，可以無所不在。此時此地，阿咩隱約感覺到「毛澤東思想」的強大威力。

獄中「難友」，時時趁三十分鐘放風時間，交頭接耳，傳遞最新消息。由獄警彼此的交談，或有時的揶揄喝罵之中，他們知悉：監獄外的反英抗暴鬥爭漸入高潮，市區街頭遍地寫上「同胞勿近」的土製菠蘿（炸彈），香港商業廣播電台的頭號名嘴林彬，在電台譴責左派，已經遭到「愛國鋤奸隊」嚴正制裁，就地處決，在 8 月底一個夏天，上班時在九龍寓所外，汽車被淋汽油，點火活活燒死。

阿咩一想，才明白為何自己在灣仔警署遭六名便衣大漢瘋狂毆打，也明白為何英國感化院院長不堪阿咩嚴詞刺激下，要向法官申請把自己遞解出境，原來「港英」對日漸升級的暴動，開始心浮氣躁；也恐懼萬一大陸「解放香港」，他們會慘遭清算，「跪玻璃」、槍斃、命運難卜。

獄中絕食，令阿咩想起「讀書會」介紹過革命小說《紅岩》。《紅岩》講的是 1949 年國民政府敗退前夕，重慶秘密監獄「渣滓洞」裡，關押的最後一批共產黨，為了「迎接黎明」，與「垂死掙扎」的國民黨英勇鬥爭，其中即包括絕食這招。革命小說，令人盪氣迴腸，阿咩

有幸自己也可以參與。然而他不知道的是，《紅岩》作者羅廣斌，在同期的「文革」中，竟也在大陸備受批鬥，被迫跳樓斃命。

政治犯絕食後，為免他們再互通消息，獄方決定「釘倉」，即取消放風，囚犯全日被鎖在自己的倉中。獄方為誘使囚犯們進食，飯菜一餐比一餐豐富。獄警更開門入倉毆打，企圖以此逼他們進食，但囚犯仍不為所動，繼續絕食。

阿咩參與集體絕食，第二天，已開始感頭暈；第三天，更覺眼花，但仍然堅持。

絕食三日，停食九餐後，獄方終於屈服。原來囚犯們設法把他們絕食的消息傳到了出外。消息見報後，當局受到了輿論壓力，只好把兩名代表釋放。

但愛國囚犯們，怕獄方是在欺騙耍手段，仍不肯進食。結果獄警要帶著兩名代表，逐一開門讓他們跟大家一一握手，大家才相信，結束絕食。監獄覺得，事件得到人道解決，但愛國囚犯們，則認為是鬥爭勝利！

恢復進食那一餐，雖然食物跟平日無異，但懷著鬥爭勝利的喜悅，也真飢餓太久，阿咩狼吞虎咽，覺得特別香甜。

政治犯要求慶祝國慶，獄方免再起風波，只好說：「你哋想點就點啦，唔好再搞事就得啦。」

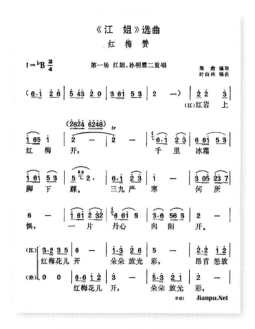

YP 們常唱小説《紅岩》改編歌劇《江姐》的主題曲《紅梅贊》，自我激勵。

「十‧一」那天，愛國囚犯放風時彼此熱烈握手。回倉後，則在囚室高唱革命歌曲：「大海航行靠舵手，萬物生長靠太陽，雨露滋潤禾苗壯，幹革命靠的是毛澤東思想……」，還有《歌唱祖國》、《我的祖國》、《我們走在大路上》、《一切反動派都是紙老虎》等，歌聲嘹亮。監獄裡其他搶劫非禮的刑事犯，因並無如此「革命覺悟」，有的倒頭大睡，有的面露不滿神色：「嘈乜Ｘ嘢？唱多幾隻歌，唔通會提早俾你班左仔出冊？釘多兩籠都似。」

阿咩之前已用廁紙把歌詞抄了下來，也能加入合唱，唱著唱著，也覺得精神亢奮，革命鬥志更為堅強。阿咩看見獄警走過，神色肅然，倒也不予理會，忽然心中積壓了一個月的仇恨全消，只覺得此時此境，實在過癮。

個多月之後，阿咩被分配車囚衣、織藤籃，都是供監獄自用。較年長的，則被安排到周圍植樹。月底，可以用工資換糖果和香煙，不換的便存下來，放監時以現金發放。刑事犯常會賄賂獄警，從外運些

在獄中學會唱《國際歌》的阿咩，出獄後以筆名石中英，寫了〈那一夜，我們歌唱〉，以記此難忘的「青春之歌」。

水珠集

那一夜，我們歌唱

石中英

怎能忘记得了，那一夜呢！唱起国际歌的情景呢！那是那一年的五月，也是木棉花开的季节。大孩子无了的地方，阴暗，潮湿，蚊蚋丛生，四周漆黑的黑影……

是铁枝，铁门，门外，我坐在冰凉的水泥地上，膝上舒开了一张手汗斑斑的纸上，是他们偷偷写下来给我用铅笔偷偷写下的歌词。

入夜了，黯淡的壁灯照着这六乘四的小室。四周，静悄悄的，只有偶尔传来牆外的虫鸣。但我的心却一点不静。因为静，很静，其他小室内，也有着许许多多与我共同命运的人，紧张地等待着，等待着这样的一刻。

我焦急地等待着，竭力地在黯淡的灯光下哼着这早已背熟的歌词，可还一次又一次默歌的背诵着，忘掉了一段旋律，生怕，忘掉了一段旋律。

一个音符，一个音符，在万籁中，一个雄壮的男高音「起来，饥寒交迫的奴隶」，就像山谷中四方八面的回响，突然之间潮湧，一齐响起了暴风雨般的歌声，滿腔的热血已经沸腾，要为真理而门争。

千百个锁不住的心，锁不住的理想汇在一起，震撼着黑暗——「起来，全世界受苦的人」，我第一次感觉到，这真是一首惊万人的战歌！

「砰、砰」歌声中，响起了一阵棉棒恶毒地敲打铁门的声音，可它是那样的孱弱、无力，在松涣的歌声中，它只不过是千篇一律的噪音。

不过，听得出，这不再是敲打在铁门上，而是敲打在歌者的内体上。然而，听不到叫疼的呻吟，听不到饶的叫喊，只响起了更雄壮更亮的歌声，到明天……

我知道，这一天，我的生命会完结。我知道，五月的这一天，就是我的生命会完结，直到，那歌声的生命，却永远不会完结。直到，那

「这是最后的门争，团结起来，到明天，英特纳雄耐尔，就一定要实现……」五月的这一天，便成了我生命的此后之后，我的生命会完结，自此之后，

我只感到，我的口在张贴，我的喉头在抖动，我的热血在奔腾。我听不到自己的声音，感觉又切切实实在这暴风雨般的歌声中。

这样的一刻，起来，不要说我们一无所有，我们要做天下的主人。我第一次这样拚命地纵情高唱，是这样的与独个儿领着的唱，而歌声，又是这样的与

零食、香煙等進來，由親人付款。

愛國囚犯們也有樣學樣，由於許多人都曾被警察毒打，所以他們運得最多的，是「雲南白藥」，阿咩在獄中也吃了不少。本來出獄後，仍不時全身疼痛，尤其翻風下雨，春秋換季，躺下時，痛到淚水直淌。往後仍堅持服食，到三十歲，疼痛便猝然消失了，未知是否就是「雲南白藥」的功效。

阿咩在狹窄的長方形囚倉內，還學會了「壁虎功」。用雙腳撐開蹬住囚室兩邊牆，攀至頂端的鐵窗，就可以跟鄰倉的人通消息和唱歌，稱為「赤柱人民廣播電台」。

每日定時放風，認識了不同的「難友」。其中一個年輕人叫曾宇雄，香島學生，放學時與五十一名同校，卻互不相識的同學和一位老師，在九龍塘校舍附近被捕。還有一個高瘦的年輕人，名叫曾德成，11 月 1 日被解來赤柱，一來到已成紅人，獄卒更指定他為「蛇頭」，負責派飯。

愛國囚犯竊竊私語，互相通報：曾德成是傳統名校聖保羅書院的總領袖生，只因為思想反殖愛國，在校內派發反英傳單。曾德成的罪名，是「派發」煽動顛覆性的傳單，不止「藏有」。英國人法律分明：阿咩「藏有」傳單，尚未派發，判刑十八個月；曾德成在校內派發，判囚兩年。囚友還八卦所得：他大哥名叫曾鈺成，聽說是港大數學系高材生，爸爸是中華總商會英文秘書。妹妹則在女官中就讀，11 月底成為「庇理羅士十四小將」之一，被囚荔枝角女子監獄。

如此精英，也和自己命運相同。阿咩看了這個高瘦的年輕人一眼，曾德成一臉木訥，在獄中甚少言語。

還記得，約半年後，曾德成在獄中接受一位英國劍橋大學法律學生的訪問，內容刊登在《遠東經濟評論》（*Far East Economic Review*），說他為何「愛國反殖」，引起當時社會哄動。這位暑期見

習記者，名叫李國能——後來成為特區終審庭首席大法官。曾德成也官至香港民政事務局局長。

1968 年夏天，曾德成與李國能在赤柱監獄訪問相識，無人想像到九七回歸之後，YP 成了特區民政事務局局長，李記者成了終審庭的首席大法官。

還有兩個皇仁學生，何安頓和李繼潘，原來學校指他倆有親共思想，下令兩人禁足校園，但他們堅持回校，於是被捕。另有三名中華中學的學生，一個叫吳伯富，在自己住所天臺被炸彈炸斷了手，之後被捕，政府指他製造炸彈。

另一個在中華中學實驗室爆炸案中，同樣炸斷了一隻手、也被關押進來的蕭坤仔，最終導致中華中學被封，其校長黃祖芬（即後來特區首任律政司司長梁愛詩的舅父），也被送往摩星嶺 SB 集中營囚禁。第三個叫高兆楨，在街上被搜出身上藏有標語時，警員罵他「死左仔」，他回敬一句「黃皮狗！」，跟著又推又撞、拳頭警棍如雨下，最後判入獄三十個月。

最特別的，竟然還有一個公務員，叫楊耀邦，約二十出頭，英皇書院畢業。他告訴阿咩：看不慣「港英」長期壓制同胞，即使做公務員，拼著不要長糧，也要加入愛國鬥爭。楊耀邦出獄之後許多年，在巴黎大學唸了七個學位，包括博士和博士後，這位從敵人陣營裡投誠的愛國公務員，退休前是台灣資助的能仁書院院長。

監獄生活單調而刻板。阿咩第一次學車衣，也學會如何用竹條編織籠筐，想想「勞動最光榮」，也沒所謂。母親每個月都有探望，並告訴他，有這樣的兒子，母親深以為榮；且與曾德成的母親，一起到工會、愛國學校，宣傳兒子抗爭的英勇事蹟。

母親每次來探望，風雨不改，都鼓勵有加，令阿咩與母親的關係逐漸親密。父親也來探過，但被阿咩拒見。

入獄不久，阿咩的祖父病逝，作為長子嫡孫，阿咩本應在靈堂上披麻戴孝，如他在中四那年為祖母做的一樣。可是，他害怕，申請出去盡孝，如不能再回來，就是背叛了獄中的兄弟。又認為祖父是買辦，是「階級敵人」，於是拒絕申請出獄奔喪。此後，他與楊家的關係進一步決裂，以致出獄後雙方不通音訊，直至十三年後，才因二弟出了事，才再次見到父親。

不久，嚴冬來臨。睡在水泥地上，奇寒刺骨。白天也好不了多少，一群少年長期食不飽、穿不暖，每天要在戶外吹風十多小時，真是港英在法律外，給予他們的更殘暴懲罰或應稱「迫害」。

還幸，四周都是愛國的同胞同志，革命歌聲此起彼落，一心覺得香港快要「解放」了。不過，港英會像國民黨那樣，在香港「解放」前，會把獄中的政治犯通通殺光嗎？

萬一即使以犧牲，換取了香港解放，香港人民從此生活在毛主席和共產黨的領導，過好日子，自己死了也值得，也是一種光榮！

盼來盼去，解放軍的影子杳然，回到毛主席懷抱的日子仍沒到來。

「光榮」出獄

進入 1968 年，獄中 YP 的人數漸少。轉眼，阿咩在獄中已度過了十二個月。一天，獄警向阿咩宣告，幾天後便刑滿出獄了。

幾天後，阿咩和謝鏡賢同時出獄。阿咩依依不捨，含著淚，高聲跟同甘共苦的兄弟惜別。阿咩獲勞動工資約三十六元，和發還被捕之日扣留的那套金文泰校服。原來的白衣、白褲，現呈黑、白、棕三色——棕，是血跡；黑，是警察踢他時留下的鞋印；而原本的白色，卻已很難找到了。

「YP28171，你出冊啦，嘅仔。記住，出大門，千祈唔好向後望，否則有一日你會入番嚟。」獄警好言告誡。

赤柱的鐵門打開，阿咩與賢仔提著簡便行李，走出大門，一年來不知世間事。1968 年 9 月中下旬的陽光甚為猛烈，赤柱街頭一片寧靜，香港似乎已回復正常。阿咩見不到母親或任何人來接他，賢仔的父母也沒有出現。

獄方安排兩人登上一部汽車，把他們送到域多利拘留所門前。兩人下車，真正自由了。但仍然不見任何親人，心中有點忐忑。

這時，見到一架灰色小校巴，泊在大門對面。一個穿白衫的中年大漢向賢仔、阿咩走過來，笑臉相迎：「歡迎兩位結束監獄鬥爭，光榮出獄！我是培僑校長吳康民派來接你們的，讓你們回歸愛國大家庭，請到我們學校出席榮歸歡迎會。」

賢仔和阿咩，懷著興奮又好奇的心情，登上校車。

從域多利，一路開到銅鑼灣連道頂的樂活道，再經過一度弧形大門。校巴駛上一條「之」字型的陡斜校道，校道盡頭另有一座山門。阿咩想：這家愛國學校，有如一座山寨，比起金文泰，地理獨

出獄當天，阿咩初次踏足培僑朗園（現址為跑馬地比華利山）與謝鏡賢一道，受到英雄式的歡迎。

特，氣派森嚴，可謂深不可測。

培僑中學的大門，早有兩排白衫藍褲的學生，如哨兵一樣站在兩旁迎候，熱烈鼓掌、唱歌和喊口號。有人領著賢仔和阿咩，穿過操場進入禮堂，登上舞台。

兩人站在那兒，下面幾個領袖生模樣的學生一個接一個走上來，把毛澤東像章，別到他們胸前。阿咩只覺胸前重得令他身體不斷要前傾，只好盡力站穩。像英雄、也像個傻子；由暴徒囚犯，一瞬之間，變成了小英雄！

課室響起歷久不衰的掌聲，好像找到了無數親人，一個他自己真正歸屬的大家庭。真恍若在夢中。

校長吳康民、副校長黃浩烔，還有一群男女教師也走到台上。吳康民伸出大手，與阿咩熱烈相握：「楊同學，辛苦了，在獄中你英勇鬥爭，一定有許多寶貴的經驗告訴我們。我們培僑同學等了許久了！」吳康民是一個戴眼鏡的中年人，黃浩烔則濃眉大眼，有粗豪之慨。

吳康民先講話：「今天，我們懷著興奮的心情，熱烈歡迎金文泰反英抗暴紅色小將楊宇杰光榮從獄中歸來。楊宇杰因為參加轟轟烈烈的反英抗暴鬥爭，被萬惡的港英軍警無理拘捕，判處入獄一年半。楊宇杰雖然出自港英官校金文泰中學，但與我們愛國學校的師生一樣，思想進步，立場堅定。他在獄中與港英周旋，一定有許多英雄事蹟值得我們學習。現在請楊宇杰同學。」

掌聲雷動，台下的培僑學生仰視著這位偶像。阿咩被請到台中央。剛出獄第一日，心神尚有點畏怯，一時之間，不知從何說起。在一片靜默中，阿咩回頭，看見黃浩烔的烔烔目光，面露微笑，略微點一下頭。

阿咩感到一股血氣上湧，心頭百味雜陳，略帶激動地，回顧過去一年多來的慘痛經歷和心路歷程。他說，自己之所以印製反英抗暴小

報，完全是因為同情受壓迫的工人，和不滿殖民地軍警壓迫同胞。被捕入獄後，目睹許多跟自己一樣無辜的人被毒打，及受盡如被迫徒手洗廁所等種種屈辱，更覺必須要保尊嚴並抗爭到底。經過在獄中的種種考驗折磨，終於煉成了一個「人」！

主持「榮歸」大會的吳康民校長，在四十多年後，阿咩方由李廣明社長口中驚悉，吳康民才是《青年樂園》的創辦人。

演說十分鐘完畢。學生非常激動，高呼口號：「港英必敗！我們必勝！」「戰無不勝的毛澤東思想萬歲！」「毛主席萬歲！」

吳康民總結發言：「感謝楊宇杰小將，為我們帶來豐富的經驗。反英抗暴正在向第二階段深入展開，祖國形勢大好。偉大領袖毛主席領導下的無產階級文化大革命，打倒了劉少奇、鄧小平黨內資產階級司令部。世界革命也形勢大好。美帝在越南焦頭爛額，港英也是日薄西山。聽了楊小將的經驗，你們要更熱愛祖國，好好學習，天天向上。」

禮堂集會的愛國氣氛，十分高漲。

吳康民和黃浩炯在掌聲中向阿咩微笑不斷，一位培僑女學生上前，為阿咩戴上一朵大紅花。「楊同學，希望你迎接一個反帝的大時代，繼續學習、武裝思想，和我們愛國師生一起奮鬥。」吳校長說。

輪到難友謝鏡賢講話。賢仔講述獄中如何以毛澤東思想武裝自己和「港英」展開不屈的鬥爭。

阿咩聽著，覺得謝鏡賢畢竟是正統愛國學校出身，思想比自己先

進。自己在獄中鬥爭的動機，其實只因一進灣仔警署，就被那六個雜差暴毆，才激出自己的勇氣。坐牢的日子認識許多「新朋友」，頗為好玩。後來，對英帝國主義者的仇恨逐漸減退，反而能隨遇而安。比起謝鏡賢紅彤彤地鬥爭到底，自己是不是有點落後？

歡迎大會結束，培僑師生把阿咩和謝鏡賢送出大門。兩人一同回西環，賢仔前往三角碼頭附近的家。原來家人已經不住大坑，因為曾受港英搜查，引人側目，只好搬離；而阿咩，則初次去到母親何玉清的住處——西環西邊街一棟舊樓的房間。

原來與父親分居後，在招商局工作的何玉清，一人租住了接近公司一個唐樓單位的板間房。阿咩自拒絕父親的請求，不肯認罪而寧願入獄，及在獄中拒絕父親往探望，又不肯為祖父奔喪後，父親已對他死心了，故此他只能回到支持他的母親身邊。

阿咩母親（上圖）和曾德成、曾子美母親同屬「六七媽媽」。她倆在子女入獄期間，「行孖咇」到工會、學校、社團，講述「革命小將」的「愛國反殖」事蹟，前後百多場。

來到母親所住的板間房，掀起布簾，見只有一張碌架床、一張飯桌、一個五桶櫃。櫃上有一個箱子一樣的收音機。阿咩暫時與母親同住，父親則音訊全無。

這時已經是 1968 年，過了中秋。阿咩不打算再讀書了。入獄前，已經完成了中學課程，母親已代他到學校取回畢業證書和成績不錯的會考成績單。既然已在「赤柱大學」畢業了，下一步，當然是要走進「社會大學」。

暴動已經悄悄地平息，香港社會由動盪中，漸漸復元。

所有因六七被捕人士，均於 1971 年全部提前釋放，而作為「人質」、在北京軟禁了兩年的英國路透社記者格雷（Anthony Grey），也得以獲釋。1967 年八個月的騷亂，據官方公佈，死了五十一人、二千人入獄的「六七暴動」，又稱「反英抗暴」，終於無聲無色地退潮了。

紅色祖國沒有收回香港，香港百業恢復繁盛。維多利亞港兩岸的霓紅燈依然燦爛，英國殖民地管治和資本主義制度還在繼續。

回歸 10 周年、六七事件 40 周年，赤柱監獄的少年犯在出獄後的首次聚會。曾德成（最後排左八）、阿咩（最後排左五）與百多位 YP 合照。

第五章 學生樂園

▌《新晚報》初見羅孚

1968 年，周恩來系統的消息很明確：不論「文革」在大陸搞得如何天翻地覆，香港，這個中共賺取外匯的主要渠道，不能顛覆，也不會「解放」。

這一切，要到十年之後，「國家」掌權者換了姓鄧，而不是姓毛，才有新的定案。當時香港的左派，只知道這事情虎頭蛇尾，悻悻然收兵。不搞革命、不鬥資本家、要學習與「港英」長期共處。各單位接到通知：殖民地政府，也與「美帝、蘇修」有所區別，並非毛主席的頭號鬥爭對象。言下之意，「六七暴動」不是毛澤東的意思。直到 1978 年，新華社副社長祁烽才向香港的左派吹風定案：1967 年的「反英抗暴搞錯了」。「錯在領導出了問題，當時勞工之間有矛盾，警民矛盾可以合理解決。無論如何都不能用暴力鬥爭解決處理。」

暴動過後，香港政府迅速總結起因，認為：除了當時沒有妥善的勞工政策，令工人容易訴諸暴力之外，最重要，就是戰後青少年人口急速膨脹，過分精力無處發洩，及四百萬居民的「身份認同」。

各種穩定社會，尤其爭取青年的針對性措施，陸續積極推行。

1968 年初，市政局率先在中環卜公碼頭，給年青人舉辦「新潮舞會」；電台和電視台，主要播放歐美流行曲和外國配音片集；1970 年

前後，政府舉辦了三屆包括大型文娛康樂活動的「香港節」；提倡「香港人用香港貨」，與左派國貨公司提出的「愛祖國、用國貨」正面打對台。

雖然炸彈、示威沒有了。一場文化的軟實力鬥爭，卻展開了序幕。

出獄後不久，阿咩接到消息：《青年樂園》周報社長李廣明想約阿咩一晤，除了歡迎他出獄歸來，還想討論一下日後工作安排。

灣仔一家咖啡店，身穿白色的確涼、灰西褲、腳踏涼鞋的李廣明，已在卡座。

「反英抗暴鬥爭期間，港英把我們《青年樂園》周報封了，但是『野火燒不盡，春風吹又生』，很快我們已另闢園地，堅決抵抗歐風美雨，對香港青年的腐蝕。《新晚報》和我們合作搞了個『學生樂園』版，正缺一個編輯。阿咩，你願到那裡開工嗎？」

「反英抗暴」一年後，「港英」沒有必「敗」，「我們」也沒有必「勝」。

李廣明告訴他：「中央政府決定暫時不收回香港。我們沒有失敗，而是把鬥爭深化，進入新的階段。要文鬥，不再武鬥；要抵制和揭露港英，以軟刀子毒害下一代的醜惡手段。」

這是否意味「反英抗暴正式結束了」？

真是「山中方七日，世上已千年」。轟轟烈烈的口號、滿懷希望迎接解放的豪情，猶如昨日，熊熊烈燄卻熄火了。阿咩的心情十分複雜，有點失望，卻又似乎覺得，終於可以安定下來。

李廣明捻熄一根香煙蒂，呷一口鴛鴦奶茶，交待新任務：「明天下午，你到軒尼詩道 342 號，國華大廈四樓，找一位叫做羅承勳的人。他是《新晚報》總編輯。羅老總早就知道你這個人，也瞭解你的事蹟，他會向你分配新的任務。」

阿咩忽然想起梁中昀，問：「梁中昀在哪裡？」李廣明聽了有點訝異，沒有作聲。但看見阿咩祈盼的眼神，略一猶疑後，終於說：「你出事之後不久，梁中昀也被捕了。幸好，他堂姐是高級警官，經她疏通，梁中昀沒有受審，也沒有坐牢，已經安全轉移。」

李廣明沒有再進一步透露，畢竟組織紀律是很嚴密的。聽到梁中昀安全，阿咩舒了一口氣。盯著阿咩，他臉上露出微笑：「你對梁中昀戰友的關懷，是一種階級友愛，很崇高，『我們都是來自五湖四海，為了一個共同的革命目標，走到一起來了。』國家不會忘記你的貢獻。你入獄後，我聯絡了你母親，她講了許多關於你的事蹟。」

說到這裡，李廣明略頓一下：「在赤柱監獄，你有沒有遇上一個男保羅學生，叫做曾德成？」

「你入獄後，我們組織了你母親和曾德成的母親，在愛國機構、工會、學校，進行了一百多場宣講。她倆都是光榮的革命母親。你媽媽在招商局工作，曾德成的媽媽現在是中業中學教師。她們都以兒子為榮。現在她們已經成為好朋友。放心，以後我們都是一家人。你先去找《新晚報》的羅承勳，他會安排。以後你有甚麼問題，大可以再找我。」

李廣明慈祥地站起身，與阿咩握手，再拍拍他肩膀：「新的革命篇章開始了，你很有前途，好好為祖國效力吧。」

阿咩回家告訴母親，李廣明為自己安排了工作。何玉清聽了也很高興：「從今以後，你的鬥爭崗位不同了。你要將在獄中的鬥爭經驗結合起來，在新的前線，跟港英展開新的戰鬥！」

第二天，阿咩拿著李廣明提供的地址，乘電車到了灣仔。在電車上，阿咩看著窗外。一年前的暴動，已經平息，市面一切正常。香港沒有「解放」，英國人如常治港，市民如常上下班，小販如常叫賣。

《大公報》報館，設在軒尼詩道近天樂里的國華大廈。阿咩走進

一條橫巷的側門，上了升降機。第一次踏足一家愛國報社，有點緊張，不知道羅承勳是怎樣的一個人。

國華大廈的四樓，是《大公報》和《新晚報》合用的編輯部。門房問明來意，帶他到編輯部的一個角落，原來羅老總並沒有自己一個辦公室。

羅承勳個子矮小，帶一副中式鏡框的眼鏡，一看就知道是一個讀書人。見到阿咩，熱烈地與他握手，請他坐下。

羅承勳的廣東話不太好，寒暄之後，轉說國語。「我叫羅承勳，是《新晚報》的總編

《青年樂園》社長李廣明，囑出獄後的阿咩到《新晚報》見羅承勳（上圖）。十七歲便跟著羅老總，當上《學生樂園》編輯。羅老總成了他傳媒報業的「恩師」。

輯。你的名字我早聽過了，你在獄中鬥爭的事蹟，我也知道，而且我們報館，無論日、晚報，都為你的事情，作了大篇幅的宣傳。」

「你入獄後，《青年樂園》已被港英無理封了。就像中華中學，被封後，我們馬上改辦了育華中學，我們《新晚報》會把『十三樓』精神延續下去，不過換了一個名字，成了我們晚報的副刊，逢星期一至五出版。每次半頁，刊登教師和中小學生的來稿，稱為『學生樂園』。我們要好好利用這個陣地，與港英爭奪下一代。再配合班組活動，把他們拉過來。」

筆名羅孚的羅承勳，是愛國文化界的傳奇人物，綽號「羅斯福」。不但文采了得，而且知識淵博，好友遍佈國內許多名作家、知識分子

界。不但在專欄批判那時被指為叛徒、漢奸的《明報》主筆查良鏞，和許多反共言論，且文筆凌厲。

　　除收藏了許多中國名畫，最近還迷上了收集毛澤東的像章。在《新晚報》副刊「下午茶座」有一個「看章手記」的專欄，介紹大陸各省市鑄造的毛主席像章。羅老總不但收藏豐富，還能從藝術角度分析各款金屬像章的成就，不但政治覺悟高文藝修養深厚，是左派圈子裡的一位偶像級的才子領導。現在能有機會為羅老總工作，自然是莫大的光榮。

　　「《青年樂園》被港英停刊，在 1967 年 11 月 24 日公開發售最後一期，一個月後，12 月 24 日便和『我們的報』合作，在《新晚報》刊出了『學生樂園』，但『學生樂園』不在國華大廈辦公，編輯部和讀者活動中心，設在摩利臣山道和灣仔道交界的一幢大廈的九樓。離這裡只有幾分鐘的路程。」這個「九樓」，地點隱蔽，也就是往後幾年，阿咩的長期「席檯而睡」的處所。

　　「那裡地方不小，有一個天臺，你會喜歡的。你還可以把那裡當做宿舍，長期住下。以後你的任務，是與我們《新晚報》分工合作：《新晚報》面向大眾，我們的讀者是下班後的打工仔、知識分子、中產階層。我們要把他們的心爭取過來。你編的『學生樂園』，對象則是我報讀者的子女，以青年學生為主，你一定能做得來。」

「學生樂園」編輯

　　羅承勳又告訴他：《新晚報》副刊科歸他主管，是報紙的重頭戲。「學生樂園」一星期五天，周一至周五半版，除了冠名的半版面向中學生外，還有以全港教師為對象的教育心得「孺子牛」、小學生的「花兒朵朵」、在職青年的文藝創作版「星火」。

還有一版比較特別，主打文史哲，以大學生和高級知識分子為目標讀者，叫「風華」。逢周日全版刊出。

　　羅承勳遞給他幾份《新晚報》，著阿咩細看，之後就明白報紙的方針。隨即介紹了坐在他身邊的嚴老總——嚴慶樹，便是名作家——《金陵春夢》的唐人，他其中一名兒子，便是日後的名導演嚴浩。羅老總並介紹他桌旁的副刊科眾編輯。黃開福大姐是阿咩日後編務主要聯絡人，其他幾位大都是女編輯。阿咩日後才知曉，其中有黎小田、劉天梅天蘭姊妹，還有鳳凰公司新晉小生明星蔣平、蔣星星兄妹的母親，

《新晚報》「學生樂園」在 1967 年 12 月 24 日創刊。剛好在《青年樂園》被敕令停刊後一個月。原《青年樂園》編輯李玉菱、李豐怡「過檔」「學生樂園」。

以及旅法作家高潔的父母，《新晚報》副刊科，真是臥虎藏龍之地。

　　這位愛國老前輩，對阿咩很關懷，臨別時語重心長：「反英抗暴鬥爭，取得了階段性的勝利。港英不甘失敗，展開了更狡猾、更有欺騙性的社會政策，與我們爭奪民心。你以後的任務，就是發揮你的優點和經驗。你出身金文泰，要把奴化教育下的青年學生爭取過來，讓他們跟港英作鬥爭。你不只是替我們做好半版副刊，還要廣泛組織各項文娛康樂活動，甚至溫書補習，以吸收讀者，瞭解他們、關懷他們，讓他們多上『樂園』，逐步加入愛國反殖的鬥爭之中。」

一年前的「反英抗暴」，到底如何收場？羅承勳含糊其詞。甚麼叫「階段性的勝利」？黑獄歸來，阿咩看見的市面，滙豐銀行、怡和洋行、英國人出任的洋警司與暴動之前一樣。《大公報》和國貨公司的櫥窗，除了中國製的貨品，還陳列著祖國文革大好形勢的宣傳圖片。

　　羅承勳編的《新晚報》每天下午四時出版，版面與《大公報》、《文匯報》不同。《大公報》頭版，天天報道祖國文革的最新形勢：各地紅衛兵的武鬥、「革委會」成立、點名批判劉少奇的深入鬥爭。《新晚報》卻版面活潑，內容以本地新聞為主，立場也鮮明，經常揭露資本主義制度下，香港貧苦市民水深火熱的生活。

　　羅承勳另一筆名「絲韋」，在《新晚報》副刊「下午茶座」有一個專欄「島居雜文」，是長壽專欄，時時針對「美蔣分子」、「反動文人」，還有針對港英許多政策，有時嬉笑怒罵，有時一本正經地批判反擊，其中流露了中央對香港的最新政策。

　　阿咩將《新晚報》帶回家看了一遍，漸漸明白為甚麼李廣明把自己推介給羅承勳，自己有機會做羅老總的下屬和學生，命運安排，也真幸福。

　　國慶節前幾天，阿咩收拾心情準備上班之際，忽然傳來另一個好消息，說他可能會代表香港學生，在國慶時上北京觀禮，或者有機會見到毛主席！

　　阿咩十分興奮。高興了才幾天，又傳來新消息：北京之行有變，因為皇仁書院的李繼潘剛剛出獄，會改由他當香港學生代表。

　　就這樣失去了一個「見毛主席」的機會，心想：皇仁，比金文泰更有名氣？

　　很多年之後，再回想這件「憾事」，卻又覺慶幸。可能正因沒能見到毛澤東，才使自己沒有更沉迷於文革狂熱，免於在這場人類歷史

上的大風暴過後，像很多左派狂熱分子，受到很大的思想衝擊，甚至掉進迷惘的深淵。

▍九樓歲月

見不成毛澤東，阿咩從雲端回到地面，真的老老實實上班去了。「學生樂園」編輯部，在摩理臣山道 1 號德豐大樓九樓，樓下地鋪曾是郵政局，二樓是藝美圖書公司，附近還有新開幕幾年的南洋戲院。當時香港建築條例規定，九層高及以下的樓宇可以不必安裝升降機，為降低成本，不少大廈都只蓋至九樓。

「九樓」原為《大公報》社長費彝民家族物業。1967 年 12 月至 1973 年 9 月為《新晚報》「學生樂園」編輯部及「學生讀者活動中心」。後由梁中昀接手改為「雅健體藝社」。

沒有升降機，阿咩每次上落要爬九層樓梯，但很快就習慣。初來埗到，為他開門的，是早在「十三樓」時，便已認識的李玉菱，她當時是《青年樂園》督印人兼總編輯陳序臻的太太。兩個「樂園」，機關沒有改變。她熱情歡迎阿咩，然後介紹他認識兩位同事：侯貴勳，高大黑實，濃眉大眼，主要負責「班組活動」工作。他伸手與阿咩熱情一握：「叫我老侯吧。」

另一位叫阿咩眼前一亮的美少女，名叫李豐怡，李玉菱笑著介紹：

「她是我漢華的學妹，之前在澳門濠江中學讀書，是有名的濠江校花，很多男孩子追到香港來啊！」

《學生樂園》編輯、作者、讀者四十年後重聚。李玉菱（左二）、李豐怡（左三）、阿咩（右一）為編輯，讀者陳倩霞（右二）後為梁中昀妻子。作者李若梅（韓雪）為本書編輯（左一）。

李玉菱帶他到處參觀。除了室內的數百呎面積外，還有一個也同樣面積的室外活動空間，及一個被稱為「十樓」的天臺，非常適合舉辦班組和集體活動。李玉菱說，這個地方是《大公報》社長費彝民家族的物業，旁邊就是新華社，離國華大廈《大公報》也不遠。

室內的盡頭，用木板間出了一個編輯室，內有四張寫字檯，牆上掛著毛主席像。編輯室外有一張乒乓球檯，老侯指住球檯對阿咩說：「日間給學生們打波，夜晚這就是我和你的睡床。」

原來他們倆都要在此留宿，任務是「守護新華社」，因為這裡是九樓，比隔一條冷巷之外位於霎西街的新華社大樓高，有點「瞭望放哨」的功能，可以監察有否「階級敵人」潛入或破壞。

同屬虎的「老侯」侯貴勳（左）為阿咩在《學生樂園》的同事兼「死黨」。編務之外，同辦學生讀者「興趣班」，兩人在「九樓」一起「瞓波檯」。

阿咩心想，自己一介文弱書生，老侯雖比他壯實，靠他們兩個就能「守護新華社」？幸好，從他 1968 年 10 月到「學生樂園」，至 1973 年 9 月離開，新華社都安然無恙，並沒有他兩人「用武之地」。

李玉菱說：「內地在文革中的一些規矩，雖然國華大廈那邊不會做，但我們這邊是會跟隨的，老侯會告訴你。」直到晚上，阿咩才知道這些「規矩」原來就是所謂「朝請示、晚匯報」：每天早上要拿著「紅寶書」即《毛語錄》，朝著牆上毛澤東的照片唱《東方紅》才開工，夜晚則唱《大海航行靠舵手》才睡覺。這個規矩，直至 1971 年，林彪墜機後才漸漸取消。

那晚，老侯帶著阿咩「晚匯報」完畢，便合力把乒乓球檯抬到地上，齊齊「補眼」（老侯創作的「睡覺」的代名詞）。阿咩躺下來，禁不住想起赤柱，想到難友們還在獄中受苦。自己瞓地下睡波檯，彷彿能和他們同甘共苦。

而他更想不到的是，這張乒乓球檯他一直睡了五年。直至離開「學生樂園」，才回去與母親同住，睡碌架床上格。

艱苦而繁忙的新生活開始了：編稿、送稿、接待學生、搞活動。本來《新晚報》「學生樂園」給他的月薪是二百元，但阿咩想到，國家還困難，更想到許多同志還在獄中，自己也應艱苦樸素幹革命，於是自動提出減薪一半：每月一百大元。

　　六十年代末，一百元一個月，自然捉襟見肘。每天只能和老侯買菜做飯，有時至 20 號左右，便已「彈盡糧絕」，甚至連買牙膏肥皂的錢都不夠，要用鹽刷牙、用洗衣粉沖涼，頗有「清教徒」的味道，和「革命者」的氣概。有些上「樂園」的學生讀者，看著也起了惻隱之心，不時買些物資，「接濟」一下兩位人哥哥。

　　如是者過了兩年，李玉菱和李豐怡相繼離開。1972 年，老侯被調到旺角新興大廈，另設活動中心，旨在吸納九龍區學生，如培正、浸會。會址在十一樓，故暱稱「十一樓」又稱「九二」，仍然以文娛康樂、溫書補習招徠。後來，以此班底，在旺角西洋菜街創辦了「群星音樂舞蹈社」。

　　阿咩完全接手「學生樂園」的工作，成了總編輯，卻是無兵司令，惟有吸收一些較積極的學生和教師當助手，如崇文書院入讀中大的黃炳輝，何東畢業、文理書院教學的高順卿。阿咩全情投入、艱苦經營，的確沒有辜負羅老總和李社長的期望，「九樓」，很快就熱鬧起來。這些書院仔、書院女，多來自附近的聖公會鄧肇堅、維多利亞工業、文理、嘉諾撒聖方濟各，也有遠至北角的寶血、金文泰、中西區聖保羅等。每天下課後，在「九樓」，可見到各式校服的「溫書班」，由編輯們和高年級學生義務任教。這些小導師，不少後來都考進專上院校，包括師範。

　　平日晚上，主要是「青工」活動，上來的都是在職青年，不經意也造就了一些姻緣。

　　星期六、日，更多青工和學生，都一面互相談笑，一面攀上九層

樓梯來，參與各類班組活動：國術組、中樂組、口琴班、乒乓球組、電工組、游水班、舞蹈活動，還有學時事、關心社會。也會介紹祖國近貌，參與紀念五四活動，同為 1971 年中國乒乓球隊揚威國際而歡呼。

手風琴是阿咩在「九樓歲月」的自娛樂器。而他與梁中昀的口琴二重奏，卻常是演出的「戲寶」。

沒錢聘請正式導師，1971-72 年的暑期游泳班，阿咩硬著頭皮，在書店找幾本《游泳入門》之類，惡補後立即上馬。那時，公眾游泳池尚未普及，只有維多利亞公園有，且要收費：小童四毫、成人七毫。八堂課只收學費幾元，折衷辦法是：首兩課先講理論，在十樓天臺進行。阿咩在黑板上介紹浮力、推進力，示範手掌最佳撥水角度等，講得頭頭是道。並著學員們，以腹部乘托在長方形四腳木凳上，雙手及雙腳凌空練習踢水、划水姿勢。練習呼吸，就回家把面部浸進水盆，

反復提起和放下。

　　真的要下水實踐了，一行十多二十個小伙子，早上在跑馬地蟠龍道一號巴士總站集合。然後，走一個多小時的山路，到達深水灣，換泳衣下水。莫小看這個自己泳術不精、高瘦蒼白的咩 Sir，泳班雖只辦了兩年，學員中，卻包括了今天體育界名人，如 1993 年東亞運「香港第一金」（女單賽艇）當年九歲的何劍暉；和跟著姊姊來而當年十二歲、前年從浸大體育學系退休，再到教育大學工作的副教授雷雄德。

和「暉女」、「德仔」重聚於五十年後的深水灣

　　身形瘦削、帶黑框眼鏡、夏天在九樓經常穿一件白色文化背心的阿咩，身邊常簇擁著一群群中學生，從不久前的赤柱少年犯，搖身變為「九樓」小小的大哥哥。

　　建設《新晚報》「學生樂園」，阿咩彷彿找到了青春新的航向。

　　然而，上班後不久的聖誕節前後，阿咩突然接到《青年樂園》社長的通知，說《大公報》社長費彝民邀請他到報社頂樓，出席一個記者招待會，並強調要他穿回白衫、白褲的校服。阿咩應約，那是一個很大的會場，坐滿了記者，擺滿了攝影機。

費彝民親自到門口迎接阿咩，說這是他主持的一個中外國際記者招待會，目的是控訴港英如何在六七暴動中迫害香港的愛國同胞，而阿咩是代表被投進黑獄的「官津補私」學生。

他還向阿咩介紹了一對坐在阿咩前面的中年俊男美女：左派電影紅星，傅奇和石慧。他們在暴動期間，被港英遞解出境，但大陸拒收，以防打開先例，港英會把所有在港左派分子都遣返。於是，兩人便滯留在羅湖橋頭邊境前，成了國際知名的「人球」。最後還押摩星嶺集中營近一年之久。那時阿咩仍在獄中，只聞其事，但如今面對這對明星夫婦，不施脂粉、打扮樸素，別有一股魅力氣場。

阿咩與兩位大明星「政治犯」親切握手，感覺奇異，頗有「英雄」相會的「英氣」。記者會有來自法國、西德、意大利、日本的電台電視台，報道內容除了介紹「反英抗暴」鬥爭外，還引申到仍在北京遭軟禁的英國路透社記者格雷（Anthony Grey）。這成了剛滿十八歲的阿咩，人生首次以當事人的身份，出席實質是中英外交博弈的國際記招。原來香港「五月風暴」也是國際事件，阿咩竟不自主地走上了國際舞台。

記得兩個月前，見不成毛澤東的阿咩，卻被邀請登上普慶戲院的舞台，代表參加「反英抗暴」的「官津補私」學生，在全港學界慶祝19周年國慶的千人文藝大會上發言。講稿由阿咩撰寫，卻是由吳康民校長透過電話和阿咩逐句商議修訂。翌年如是。

「學生樂園」的編輯工作繁忙：一周五個半版，還協助周日的全版「風華」。幸好真光、金文泰培養出來，中文根底好，應付綽綽有餘。有時忙到深宵送稿到國華大廈，半夜兩時才和老侯到小巷「補胃」，即吃晚飯，四時才在乒乓球桌上入睡。

除了接待投稿的作者，如新法的施友朋和工人詩人飲江等，「九樓」是學生讀者活動中心，日間還要搞溫書補習、班組活動。當時左

石中英當時坐在傅奇石慧身後(第三排左)

傅奇　石慧　　　　　　　　費彝民

阿咩生平第一次出席國際記招，由《大公報》社長費彝民主持，阿咩喜遇從摩星嶺「出獄」的「紅色明星」傅奇、石慧。

小編輯亦是「左派機構」人才的「輸送大隊長」。他曾把讀者「高主教」的唐慶廉（左一）送到培僑小學教英文，「西南書院」葉熾仁（右二）到《文匯報》當記者、「九龍工業」的姚兆祺（右一）到「新華社」當翻譯員。後姚在回歸前當上了中英土地委員會中方代表。

派機構缺乏英語人才，而上來的多是英文書院學生，故阿咩有時也做點像「販賣人口」，美其名為「人才輸送」之工作，例如到《文匯報》的葉熾仁、區炳強、李鳳鳴，《晶報》的李若梅，新華社的姚兆祺，培僑的唐慶廉等。都是阿咩按這些愛國單位的要求，動員他們中學畢業，便去上工。

在「學生樂園」工作的五年中，阿咩最難忘的，是與許多人短暫的交往，識於微時，卻成了大半生互動的命運交集。

培正中學退休校長葉賜添，初中時報了「學生樂園」游泳班，跟阿咩到深水灣學會了游泳，其後也參加侯貴勳負責的電工組，用「辣雞」焊原子粒收音機。

香港中國旅行社史上唯一的土生土長港人董事長和港區全國人大代表的盧瑞安，畢業於私立英文新民書院，參加「學生樂園」活動，也是經阿咩的推薦到香港中旅社任職。如今二人亦師亦友，來往不斷。

在甲子壽宴上，阿咩拉著到賀的盧瑞安（後右一）向羅孚伉儷（前右一、右二）請安。

在六十年代末、七十年代初，阿咩被安排，帶領一些大專及「官津補私」中學生到大陸「紅色旅遊」，參觀學習。熱門的地方有韶山、井崗山，認識毛主席和中國革命。一晚，有一在循道中學讀中四的少年，上「九樓」「撳鐘仔」找阿咩，名叫侯叔祺，他交來了一份團員名單，由阿咩交予廣州的「支港委員會」聯繫。不久，便由阿咩帶隊，廿多青少年到江西井崗山學習，侯叔祺隨團，並當小組組長。後侯在七十年代當上學聯會長、八十年代成為「學聯旅遊」總經理，九十年代當選香港旅遊業議會主席。現任立法會議員謝偉俊律師，最初循旅遊界別出線，亦得侯叔祺相助。至今他還津津樂道：少年上井崗山，是阿咩帶隊。侯叔祺多年後，奉命接管由香港大學左派學生成立的「學聯旅遊」，準備為「九七回歸」繼續效力。中共在香港的「隱蔽精幹，長期潛伏」針線之密，用心之遠，香港人一覺醒來，到變天之際，也不知道前因後果。

小編阿咩曾多次帶隊到韶山、井岡山作「紅色旅遊」，並組織北京、上海遊，推動「認識祖國」的啟蒙運動，隨行包括侯叔祺、洪青田、陳毓祥、朱裕倫等。

此外也有時任港大學生會副會長和「國事學會」主要成員朱裕倫，後來他成為了《經濟日報》創辦人、香港展覽業協會主席。他在大二那年也曾上九樓「搣鐘仔」，把 HKU 組團名單交給阿咩，由阿咩交廣州百花園的「廣東省港澳同胞接待辦公室」（簡稱「接待辦」——前身是「支港」）。讓港大同學認識祖國，其中很多還是首次踏足神州大地的。而朱裕倫等香港「認祖」的大學生，成了改革開放後，中國商貿的拓荒者。他後來也成了阿咩下海從商的重要幸運星，那是後話了。

另外值得一提的就是，視阿咩為「啟蒙人」的小師弟梁國雄。他後來成為社民連主席、特區立法會議員。1969 至 1970 年，就讀金文泰中一中二的「長毛」，諢號「小喇叭」，和同學「老虎華」盧富華，到「九樓」打乒乓球。阿咩見「小喇叭」家境貧寒，還特意安排加「五毛子餸」，盛情接待他。他得知阿咩曾是「抗暴英雄」，心生崇拜，認定阿咩為他精神上的「啟蒙人」，開展不息抗爭之路。

政治雖然多變，尤其七十年代「長毛」參加「托派」，而不知他的咩哥，竟是左派「批托」的石中英。三十年後八號風球下相遇，相逢一笑。識於微時，情義難忘。

當然，不能不提曾鈺成和其弟妹。

歷任培僑中學校長、民建聯創黨主席、特區立法會主席等職的曾鈺成，他的弟妹曾德成和曾子美均因六七入獄。而曾鈺成則是聖保羅的高材生，曾師從編輯傅華彪，為《青年樂園》編寫「會考天書」。他後來在香港大學以優異成績畢業，並留校任助教。其後他想轉到愛國學校服務。

就在曾鈺成到培僑見工前一天，《青年樂園》社長李廣明著阿咩，先給校長吳康民打個電話，安排一下。

阿咩依言致電，曾鈺成也順利進入培僑，並由教師做到校長。後來轉投政界，創立「民建聯」，進入特區立法會，當上立法會主席至退休。現仍任培僑校監。三十多年後，阿咩才從「吳老校」口中確認，當年真如他所介紹，讓曾鈺成教數學和英文。

到培僑見工，可能是曾鈺成在往立法會主席之路上的一個起點。

　　1969 年 3、4 月間，李廣明社長通知阿咩，他的赤柱戰友曾德成，即曾鈺成之弟出獄了，叫阿咩籌備一個歡迎會。

　　「會場不必太大，」李囑咐：「因為反英抗暴已過去快兩年了，不會像過去那樣動輒有逾千人出席了，能容納三、四百人的場地便可。」

　　阿咩最後商借了中環的中南銀行頂樓禮堂，約四百人出席，絕大部份是官津補私學校的學生，當然少不了曾德成的妹妹曾子美。曾子美是十四名被捕的庇理羅士女中學生之一。

　　阿咩主持了曾德成出獄的歡迎會後，遵李廣明的囑託，他要親帶曾到《新晚報》見工。阿咩滿心歡喜，以為會跟他在「學生樂園」共事，卻發現原來是直接到《新晚報》當記者。

於是，約了曾德成兩天後在國華大廈大門口前等，然後，帶著他上四樓，到了羅孚的跟前，介紹過後，阿咩便知趣離開。

羅老總安排，曾德成先做記者。他很快就發現，這聖保羅的前總領袖生，工作勤奮，並重點培養他「接班」，特別關懷照顧。曾德成果然不負所託，後來當上了《大公報》的總編輯，加入了特區的中央政策研究組，官至民政事務局局長。見工時，三人同處《新晚報》編輯部；三人再次相聚，已是四十多年之後了。

1984 年時任《大公報》副總編輯的曾德成伉儷出席好友阿咩的婚宴。1967 年他倆曾「同窗」於「赤柱大學」。

八十年代，羅孚突然被召往大陸在京被捕。被指為美國做間諜罪成，被判十年。歷劫返港後，逝世前兩年，一次「67YP」慶祝國慶的聚餐上，阿咩邀羅孚為座上賓。那晚曾德成剛好出席，阿咩即領著他，去見輪椅上的羅孚，便知趣的走開，讓他們兩師徒敘舊。阿咩見到他倆談笑甚歡，欣然釋懷。在場的《南華早報》記者張家偉，還拍下這個世紀場面，翌日刊登在報上。這也成了這兩師徒的最後合照。

《新晚報》前總編與《大公報》前總編，「師徒」兩代最後合照。

　　以上這些在青少年時期結識的朋友。不論是助其返國旅遊，或協助見工，或在「學生樂園」班組文娛活動，日後竟在香港的政治、經濟和教育圈子均舉足輕重。每想起這些老友，阿咩均有「無心插柳柳成蔭」之感，並覺時代洪流，世事玄奇。

阿咩和魏月媚（後右四）策劃組織了一眾「新晚子弟」「認祖歸宗」的茶聚，向歷劫歸來的羅老總請安。蔣星星、周蜜蜜（後左一，本書編輯顧問）、羅海雷、沈旭暉（後右一）、陶傑（前左一，本書作者）出席。許禮平、小思老師（前右二）見證歷史一刻。

「羅孚九十晉二壽宴」，《學生樂園》的編輯同事侯貴勳（後中立），李豐怡（羅、金中間）出席。這是曾任《新晚報》編輯的查良鏞（金庸）最後一次和羅孚共膳。

林彪之死

1971 年 9 月 13 日的「林彪事件」，對於香港傳統左派，簡直像一顆核子彈！

林彪竟然是叛徒？！暗殺毛主席失敗，逃亡時在蒙古墜機身亡？！

中國「九大」修改黨章，白紙黑字，訂明他是「毛主席」的接班人。為甚麼要這樣做？

文革多年，全國人民手揮《毛語錄》，對著毛像，第一句，就是「祝毛主席萬壽無疆！」緊接的，必是「祝林副統帥永遠健康！」

許多人昏頭轉向、有的沉默不語、有的則曲解砌詞，繼續為毛澤東這尊神像辯護。

香港親國民黨的右派勢力興高采烈，聲稱林彪「現眼報」。

「港英」則照例默不作聲。出身外交部的麥理浩，這一年奉調來香港，取代出身殖民地部的戴麟趾出任港督。暴動後，歐風美雨在年青一代間漸成主流，港英實行「寧要飛仔，不要左仔」！

「懷柔」的麥理浩，取代「高壓」的戴麟趾出任第二十五任港督，標誌著香港從 1967 到 1997 新一章的開始。

▌「祖國」，究竟是甚麼一個地方？

是毛澤東、林彪、江青領導的「文革中國」，還是劉少奇、鄧小平、周恩來也有「股份」的祖國？「革命家」、「戰友」，一夜之間竟淪為「牛鬼蛇神」？首先是劉、鄧，現在更慘酷的，卻是林彪。大陸民間開始竊竊私語，與阿咩的疑慮一樣。

七十年代初開始，左派外圍社團，如學友社、學聯中學生組，及一些以音樂、舞蹈、戲劇為幌子的，組織官津補私學生，北上「參觀學習」。大專院校就打正「認祖關社」旗號，迎接著香港大、中學界的「火紅年代」，阿咩有時也義務帶團。

阿咩記得在「林彪事件」之前，曾率團到井岡山參觀。到了山上的「星火燎原館」，仍見到「祝毛主席萬壽無疆」和「祝林副統帥永遠健康」的標語和歌頌毛、林的宣傳品。「林彪事件」後，阿咩再率團北上，發現大陸各城市，所有有關林彪的標語、他的書法題字等，全部剷掉。連林彪與毛澤東合照的圖片，也全部失蹤。

如果毛果真英明偉大，那他親選的接班人，為何會最後成為叛徒，要出逃並投奔蘇修？

阿咩，與當時許許多多的愛國同胞一樣，心裡有千百個問號、糾結不解。

不久，美國國家安全事務顧問基辛格，在訪問巴基斯坦途中假裝肚痛，秘訪北京。然後，中、美同時宣佈，美國總統尼克遜將於 1972 年 2 月 21 至 28 日訪問中國。

美國總統第一次訪華，是劃時代大事！分散了左派群眾，對林彪事件的惶惑與失望。畢竟，超級強國的總統，移樽就教來敲中國的大門，這是百年屈辱史上從未見過的突破。

文革中的毛澤東在中南海會見美國總統尼克遜，標誌著中美關係
冷戰格局將產生歷史性的巨變。

　　傳統左派圈，忽然又自豪起來，議論紛紛。尤其知識分子界，更
對於毛澤東神機妙算的國際外交戰略，再次佩服得五體投地。林彪死
後，此時之外交舞台，周恩來成為了當然的主角。

　　尼克遜踏上中國土地，香港無綫電視衛星轉播。阿咩與九樓同事
們，一齊跑到樓下茶餐廳收看。無綫新聞部，起用了在港大讀過書的
劉家傑、台大新聞系畢業的何鉅華作現場評述。毛澤東在中南海的書
房接見尼克遜，兩大巨人握手，令這次外交盛會進入高潮！

　　香港和世界都議論沸騰，殖民地統治是罪惡而短暫的。香港大學
其中一些左傾學生，更是興奮，主張「認識中國、關心社會」：連美
國也與紅色祖國平起平坐了，身為香港年輕一代，更要找回自己的民
族定位！

　　1972 年，香港教育界絡繹北上，阿咩作為中國遊學團的義務聯
絡工作更忙。香港在暴動後逐漸恢復元氣，工業出口旺盛，樓價也從
「六七暴動」的最低點逐步回升。這一年，李嘉誠的長江公司正式上
市，香港一個繁榮的新時代開始了。

「六七暴動」已過去了數年，《新晚報》「學生樂園」版面，幾乎被其他青年流行刊物蓋過風頭。

其中佼佼者，如由莫昭如、岑建勳主辦的《70年代》，傳統左派貶稱為「七窿」，就是一群嚮往法國紅五月學生運動，並於68-69年到法國考察，受到了無政府主義、托洛斯基主義、尼采超人理論、達達派和野獸派藝術、加上毛澤東思想洗禮的青年知識分子。

此外，李怡和陳松齡創辦了期刊《七十年代》，雖是在左派出版界支持下創辦，但較開放和更理論化，不過仍是愛國旗幟鮮明，在文革狂潮，及被「保衛釣魚台」運動衝擊下的美加留學生之中建立了聲譽。

李怡等編的《七十年代》及莫昭如等編的《70年代》，標誌著「六七暴動」後的英治香港，思想界百花齊放、百家爭鳴時代的來臨。

其他青年流行刊物還有《香港青年周報》等。與此同時，由羅孚領導的左派文化人，如詩人何達、小說家阮朗（導演嚴浩之父嚴慶澍）、武俠小說家梁羽生等，成為了香港左派的文化偶像。

阿咩編務工作繁重，不時向李廣明匯報學生們的「思想狀況」，又在九樓辦公室組織文娛活動，並經常率團北上參觀學習。做了幾年，發覺這新任務當中，不斷有挑戰，也得從中得到「成長」。

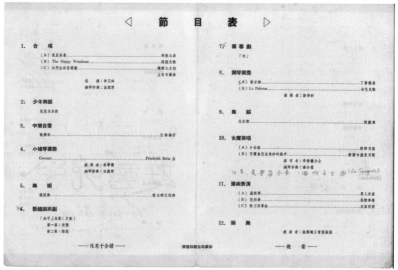

從文字到舞台，阿咩租下香港大學陸佑堂，為「學生樂團」主辦了「遊藝晚會」。全場爆滿，深受歡迎。

　　也在這段二十歲前後的日子，出現了阿咩生命中的第一抹緋紅。

扼死的初戀

1971 年,英國電影《兩小無猜》(*Melody*)風靡香港書院仔女,主題曲 *Melody Fair* 讓 Bee Gees 紅透英語世界。衝破樊籬、尋找真愛、勇往直前,是《羅密歐與朱麗葉》、《梁山伯與祝英台》的現代回音。

當然,後來還有蘭杜布山卡《夜夜念奴嬌》系列電影,也曾挑動不少血氣方剛少年心。雖然《男極圈》那時仍未面世,但要買、傳閱或偷看幾頁《咖啡屋》、《老爺車》、《姊妹》,一點也不困難。

「學生樂園」辦公室既然是中學生活動場所,進出的自多少年十五二十的青春身影。

即使有革命理想,每個正常人,也有其發育期的生理遐想。然而,左派教育一向避開性與愛情,視之為黃色思想和小資產階級趣味。縱然有所需要,都覺得尷尬。無從表達之餘,只有盡量隱藏、壓抑。

以「階級鬥爭為綱」的政治劃界,男女之愛,從來是一個禁區。即使解放後創作的《梁祝協奏曲》,文革時也被批為脫離無產階級的「封建才子佳人」之作。

哪個少男少女不懷春?接觸多了,近水樓台、眉來眼去,自然生出不少戀事。當中有些被大浪淘沙,也有最終修成正果,撮合了不少「革命伴侶」。

進出「學生樂園」辦公室的女孩子中,有一個長得特別漂亮的 A 小姐,不乏裙下之臣。卻在眾裡,看中了並未加入蜂蝶行列的阿咩。

然而,當時的阿咩,沒錢、沒家,夜宿「九樓」的乒乓球檯。沒有熱水爐,冬天經常一個星期不沐浴。生活條件艱苦,自然不修邊幅。忙碌的工作也令他無暇也無心細顧自己的儀容,總是一件文化衫、一條短褲、踢一對涼鞋,時時鬍鬚未剃淨。

但也許正是這副「原生態」的混沌賣相，有某種無產階級的「正確」教條形象，或許加上「抗暴英雄」的光環，吸引了 A 小姐。啊，不！是 A 女同志的革命鍾情。

而當時十八歲的阿咩，是個身心正常的年輕人。在愛國的氣氛中，遇上窈窕淑女，君子自然也好逑。兩人初則眉來眼去，繼而心有靈犀。最後，在一個夜深無人的晚上，在辦公室一吻定情。

A 女比阿咩長一歲，亦是革命女青年。當時左派圈子裡，都恪守「發展男女感情」須向領導匯報。A 女鑑於和阿咩已「確立」了戀愛關係，便單方面向《青年樂園》社長李廣明匯報。

很快，李廣明便上「九樓」，找尚未匯報的阿咩「瞭解情況」。

阿咩即時心如鹿撞。心想：談戀愛，沒有經過領導事先批准，純粹一時衝動，是否會被認為是黃色思想？是否要受批評、甚至批判？

但是，如果否認，又好像對不起 A，唯硬著頭皮承認。出乎阿咩意料，李社長領導竟然和顏悅色說：「阿咩，你都係時候拍拖了。A 是好女孩，你們可以成為一對革命情侶。」

李廣明卻忽然嚴肅起來：「若你對 A 是真心，就要明確表態，確定關係。」

「怎樣『確定關係』？」

「兩年後該要結婚，組織革命家庭。」

結婚？！阿咩即時腦中一片空白。兩年後，1970 年，自己才二十歲，做夢也沒想過甚麼結婚。大概因為小時候，經歷了父母離異，對婚姻有所恐懼。頓時，這種恐懼戰勝了對 A 的「好感」，對愛情的憧憬。

翌日，A 見到阿咩，即把他拉過一邊，問：「社長找你談過了？」

阿咩眼掃一下四周，覺得此時此地，不便談此話題，對 A 小姐說：

「我們約在外面談吧，我們至今，尚未像其他拍拖的人那樣行過街，也正好約會一次。」

A小姐欣然同意：「好，就在我家樓下等吧，我住九龍，較少機會讓熟人碰到。」

正式「約會」的那天晚上，阿咩忐忑心情：既要示愛，但也決定要對A小姐坦白，告訴她自己無法依李廣明之言，跟她「確定關係」。

而不知就裡的A，歡天喜地，下樓時還拿著兩個蘋果。一見面，把其中一個遞給阿咩，還主動拖著他的手。

兩人邊吃著蘋果，邊漫無目的地向前走。阿咩一直在盤算：如何向她坦白？望著那天打扮得特別漂亮的她，真是不捨。假如，給她一個虛假的承諾，就可以把她暫時留在身邊。但這麼善良的女孩，自己又怎麼忍心傷害呢？

兩人走著走著，來到一個公園，挑了一張地點較偏僻的長椅坐下。咬一咬牙，阿咩對A小姐說：「社長要我們確定關係，兩年後要結婚。我雖然真的很喜歡你，卻實在沒有準備好。」

這時，一心以為情郎開口求婚的A，眼神茫然，空洞地凝視阿咩。然後，默默無言，把頭靠在阿咩肩上，兩行眼淚無聲滑下。

斯景斯情，阿咩永遠忘不了。每次憶起，都如當時一樣心痛，惋惜這段初戀，出現在錯誤的時空，無疾而終，也悔恨自己辜負了A小姐。

未幾，A便沒有再出現在「學生樂園」。

每天走過灣仔道上班，心中浮起A的影子，百感交集：「我真的愛她嗎？甚麼是愛呢？我欺騙了她嗎？我是個壞人？」

阿咩不是沒有性需要，也不是對A沒有愛情。只是忽然覺得上方「組織」、「領導」，介入明明應該是兩個人的感情私事，就有如一

盞探射燈、一個大喇叭，把他倆固定得無所遁形；那口大喇叭公佈：你們兩人兩年後必需結婚！

這種「私人事公共化」的感覺，令人尷尬而反感。

為甚麼我的情事，自己作不了主？

巴金的《家》、《春》、《秋》，主題豈不就是戀愛自由？

戀愛有自由，但甚麼時候結婚，卻要接受約束和規範。這是真正的自由嗎？

既然與 A 的感情只屬萌芽期，仍未想到一生一世那麼遙遠，一旦要由第三者來指揮，便感索然無味。與 A 小姐的初戀，在揠苗助長下無疾而終。但結束了卻反而更輕鬆自由。實在吊詭！

一朝被蛇咬，此後幾年，阿咩全情投入工作，無心再「戀戰」。

1973 年 9 月「學生樂園」版取消，九樓也受命改為「雅健體藝社」，主打體育及舞蹈活動，對象仍是灣仔附近的年青學生。現實是：阿咩要「另謀高就」。

七十年代還沒有電腦 Job Search。搵工，只能翻閱報紙的分類廣告。阿咩因為沒有正規師資訓練，想教書，只能去找私立中學教席，YP 的烙印、中學的學歷，不能妄想到薪高糧準的官、津校任教。他爸，楊液池，畢業於廣州美國教會辦的嶺南大學，但因母親的招商局背景，當年，也只能屈就，任職薪水微薄、設備簡陋的私校。阿咩寄情教學，也有上「新九樓」雅健體藝社做義務導師。雖然楊 Sir 教學出色，人也親切，俘虜過不少女學生的芳心，但他仍有餘悸，過著差不多清教徒式的生活。三十歲，還是處男。

從《青年樂團》派報員到《學生樂園》小編輯，阿咩視李廣明和羅孚為「恩師」。
少時學藝，老來敬愛。上圖為李廣明伉儷（前左二、三），下圖為羅孚伉儷（前
左三、後右四），先後到淺水灣阿咩家中作客，羅一家並在灣畔漫遊。

第六章 春風化雨

任教在堅道聖思定

1973 年 9 月，李廣明來到「學生樂園」辦公室，正式通知：「因為社會形勢變化，工作要改組，『學生樂園』日內便要結束，工作人員要自謀出路。」

李廣明沒有多說，大家面面相覷，大感意外。「學生樂園」編得好好的，愛國反殖，為何一夜要結束？李廣明只是傳達上面的意思，一切既不能多說，也沒有甚麼好說的。這就是政治。

阿咩將最後一期清樣送到一馬路之隔的《新晚報》編輯部交副刊課後，來到總編輯羅孚的辦公桌前，向他告別。羅孚看見阿咩很失落，拍拍肩膀：「李廣明告訴我了。你的工作暫時結束。你不必害怕失業，轉來《新晚報》好了。」

阿咩有點意外：「我適合在《新晚報》工作嗎？」

羅孚那對眼鏡玻璃片，一對眼睛還是一貫的瞇成一條線，笑說：「這幾年你的工作是有成績的，你的思想立場經過考驗，我對你的表現是滿意的。你有抗暴入獄的鬥爭經驗，金文泰中學畢業，文章寫得很好，你很有才華。你上次介紹來的曾德成，這幾年也幹得很好，他做了記者，天天在社會前線奮鬥，是我一個出色的下屬。」

阿咩沒有答話。羅孚繼續說：「你不妨全職轉過來，由我來分派工作。以你的能力，我可以私下告訴你：將來我退休，《新晚報》總編輯這個位子就是你的。你留下來，好好幹吧。」

　　總編輯？阿咩聽了，有點受寵若驚，暗問：「我有這個能力嗎？」見阿咩猶疑，羅孚便說：「回去想想吧，立定主意，再回來找我。」

　　走下報社，思緒翻騰，心想：自己坐過牢，出獄時走投無路，能有機會在《新晚報》的「學生樂園」當編輯，已是非常感激。做了五年多編輯，學會了很多東西，但要當總編輯？想都沒有想過，也沒想過一輩子做報館工作。這幾年眼界開拓了，思想有點轉變。今年自己已經二十二歲，年紀不小，應該向外闖一闖了。

　　「學生樂園」停刊的消息，在左派圈內，沒有引起甚麼哄動。畢竟這許多年，經歷了許多驚心動魄的變化。《青年樂園》、中華中學，還有三份外圍左派報章，都曾經關閉。中華中學復校，改名「育華中學」。雲展雲舒，花開花落，對於連家眷，為數約五十萬的香港左派社群圈，半版副刊的結束，引不起半點波瀾。

　　阿咩對此也沒有甚麼惋惜，只是這許多年建立的讀者友群，從此分道揚鑣了。想到梁國雄、曾禮賢、李豐怡、侯貴勳等幾位讀者朋友和同事，應該打個招呼。

　　曾禮賢也在外知道阿咩的處境，約他喝咖啡。曾禮賢告訴他，他的哥哥本來在中環堅道一家叫聖思定英文中學（St. Augustine College）的私校任教。哥哥儲了一點學費，準備到加拿大升學，現在職位懸空，如果阿咩有興趣，可以頂上。

　　聖思定的校監名叫胡永輝，是金融大亨胡漢輝之弟，主管金銀貿易場。暴動之後，香港私立學校如雨後春筍：新法、利瑪竇、威靈頓，還有隱藏左派背景的文理、思明，是辦得出色的幾家。聖思定只是一

「聖思定英文中學」的校徽。
St. Augustine 是羅馬天主教的聖人。

「聖思定英文中學」招生廣告

原聖思定中學校舍入口，童年居住在堅道 111 號的阿咩，青年時竟在堅道 129 號
的聖思定中學執教，二者只有數步之遙。

間邊緣的私校，阿咩沒有聽過。當時的私校，鮮有獨立校舍，而聖思定，幾間分校都是在商住兩用大廈內，租兩三層作為校址，就像今天的老人院、酒樓。

想起有教無類，明知這種私校，學生三教九流，許多還是性格頑劣、無心向學的「飛仔」。但過去為《新晚報》工作，編輯學生版面，也算熟悉青少年一些想法。而且在《新晚報》工作時，月薪本來是二百元，但他一心「學雷鋒」，自動要求減薪至一百元，五年下來，紅簿仔儲蓄只剩二十七元半。如果去教書，月薪也許會多一點。

阿咩決定去聖思定見工。可是，衣物堆中，沒翻到有一件像樣的。多得曾兄借他一套恤衫西褲，這套見工衫褲，阿咩心存感激，保存多年。

見工成功，阿咩取代了曾禮賢兄長的職位。但離開「學生樂園」，亦即失去了居所，阿咩惟有再次回去與母親同住。其實母親也沒有自己的家，招商局也沒有提供獨立的宿舍，只寄居在華潤工作的十八姨丈在北角僑輝大廈宿舍。宿舍只得一個房間，由十八姨夫婦居住，阿咩母子，只能在窄小的客廳，放一張碌架床和一張小書桌，以布帘圍起留點私隱，權為棲身。

1973 年 10 月，阿咩成為了聖思定中學一位任教 Form 5 會考班「咩屎」（Maths）的阿 Sir。第一天上課，步入教室，班長隨即大喊：「Stand Up ！」

一大群、黑壓壓的、超過四十五人，站在頭一排起立的，個個比自己高半個頭。後來一查，原來最大年紀的學生已二十二歲，而阿咩自己當年做「人之患」才不過二十三歲。

香港經濟開始起飛，中小學免費教育剛剛開始，窮家孩子，在五六十年代注定「冇書讀」。現在如果家長有錢，就可在私立中學多混幾年。私校學生，可說是龍蛇混雜，不少來自社會邊緣，其中少數

有黑社會背景。當然，也有勤奮學生苦讀成材。前高官林煥光，畢業於威靈頓。中原地產創辦人施永青，是新法校友。經營私校，可說是一盤生意。薪水不錯，月入七百元，竟是「學生樂園」時期的七倍！唯要再過一關，就是到銅鑼灣利園的教育司署領取一張臨時教師證。

FORM 12.   [s. 50(1).]
表格第十二款 （條例第五十款第（一）段）
EDUCATION ORDINANCE 1971.
一九七一年教育條例
PERMIT TO EMPLOY AN UNREGISTERED TEACHER.
聘用非檢定教員許可證
(Permitted Teacher Reference Number
准用教員編號
P90019   ).

The Supervisor,
Hong Kong Saint Augustine College School.
謹致
逕啟者：　　　　　　　　　　學校監督，
(Copy to   Mr. YEUNG Sheung-kit   , the permitted teacher)
（此証副本交該准用教員   收執）

　1.　I hereby give permission to you to employ
一、 茲特准許 台端聘用
(Mr./Mrs./Miss)   YEUNG Sheung-kit
　　　　　　　　　　　　　　　　（先生／夫人／小姐）
whose photograph is affixed hereto, as a permitted teacher in the
（其照片現已附貼於本證上者）為准用教員，在
.......above named......... school only.
學校任教。

　2.　This permit is issued subject to the following conditions—
二、 本証之發給係要受下述條件之限制——
.....Subjects to be taught : Mathematics
　　　　　　　　　　　Chemistry

(Andy S.O. Liang)
p.   Director of Education.
教育司

Hong Kong, ...15th May......... 19..74.
香港一九　　年　　月　　日
E.D. 426   (1/74)

在聖思定中學執教四年，刻意不填「犯罪及入獄」一欄，竟獲教育司署頒「臨時教員許可證」。每年申請，都能「僥倖過關」。

記得在赤柱的愛國獄友曾宇雄的經歷：自香島畢業後，他被派往重生小學任教，兩年後校長叫他去申請註冊。在教育司署註冊組填寫申請表時，其中一欄「是否有犯罪及入獄紀錄」。曾宇雄當時不知該如何填報，只好留空。

職員發覺他沒有填寫，再看到他香島畢業，問起因由。曾宇雄理直氣壯的說：「不錯，我曾入獄，但我不承認我的罪名。」

職員臉色一沉：「現在你有兩個選擇：一、遞交這張表，然後你會被控『虛報資料』罪；二、自動撤銷申請，離開這裡。」曾宇雄選擇了後者，悲憤地轉身，走出教育司署，心想：以後再當不了「人類靈魂工程師」。

阿咩提著筆，填寫表格時，也不禁有點忐忑。幾經猶疑，決定一搏，在刑事紀錄那一欄上填了一個 NO 字。

也許因為看到他是金文泰畢業，教育司署的職員，只瞄了一眼，便把表格收下了。但阿咩懸著的心仍未能放下。幾年前剛出獄，夠年齡換領成人身份證前，母親高瞻遠矚，叫自己到民政司署宣誓，由楊宇杰改名為楊向杰。英文名字，更連姓氏串法也改了：由 YOUNG, Yu Kit 改為 YEUNG, Sheung Kit。

阿咩希望這一字之差，會令政府查不出他的真正身份。然而，英國人情報檔案工作嚴密，究竟是真的不知道嗎？

那時的臨時教師註冊，每年都要「照肺」，X 光下阿咩的肺，慶幸沒有「肺癆」。

直至暫准教師（Permitted Teacher）證件順利發出，阿咩才如釋重負。從此，成為全職私校教師。

聖思定的學生是邊緣外的邊緣，許多是私校也不錄取的當年的「廢青」。班上有幾個是威靈頓轉來的，二十一二歲還在唸 Form 5。

一進課室，已經是無政府狀態：有學生嘻笑、有幾個膽大的，橫眉冷笑，或怒瞪教師。

月薪七百元不是白賺的：上午教不同的五班課，每節四十分鐘。午膳後，下午校又是五班。一天上十節課，每年「教」過的學生，超過五百人。

阿咩雖只是中五畢業，唯金文泰教學成績質素佳，尤其是中文和數學。阿咩在教學上十分得心應手，只是要力抗一批批喧鬧的學生。課堂講學，時時遭到笑聲、喧嘩打斷。有學生半公開透露其江湖社團身份。

有時在他面向黑板寫筆記時，有學生喧嘩，阿咩更會轉過身，像炮彈一樣，將手上的粉擦摔過去，經常都準確命中，喧嘩的學生頓時名副其實「灰頭土臉」，課室一時陷入死寂，想不到這位外表斯文的年輕老師，竟敢於反擊。

一次，阿咩不知哪來的一團火，拍桌、瞪眼、怒吼：「你班仆街，以為蝦倒我？！」

「讀唔讀書，係你哋嘅事，與我無干！你哋自己好好諗下：如果自暴自棄，愚蠢當有型、狗熊當英雄，遺棄你哋嘅，唔係香港呢個社會，而係你哋自己！」

應編訪主任張雲峰的邀請，剛在聖思定執教不久的阿咩在《文匯報》撰寫了〈黑社會勢力滲入學校〉的系列報道。一年的獄中經歷，令他對黑社會認識甚深。

「我做得你哋老師，就一定先要管好你哋，先管後教！幾個月後，你哋就要考會考，絕對影響你哋嘅前途！所以，一定要認真準備，留心聽書，做好習作！」然後，一直滔滔不絕……

看著這批苦孩子，心中又氣又憐惜。不知道哪來的口才，發表了一番馬丁路德金演說般的偉大道理。阿咩的一腔激情，成份複雜：其中有在真光小學和金文泰中學讀書時代的基督博愛精神，覺得自己像耶穌。來到這個罪惡的課室，為的是拯救這批在地獄邊緣的罪人，希望他們悔改，歸順天國；也像孔子般，在七國咁亂的世界實行幼吾幼以及人之幼，有教無類的精神。

另一方面，左派的愛國思想，毛澤東的精神「為人民服務」，要拯救這批在腐惡的資本主義社會即將沉淪的下一代。就這樣越說越激動，越講越像救世主，一番演說，竟然把一課室的壞蛋鎮下來。

幾個月教下去，發現幾乎每一班都要在一場衝突、猛打一兩個頑劣學生的腦瓜之後，發表一兩次這樣的道德演說。然而，阿咩想到自己秘不能宣的赤柱監獄的過去，看看眼前這群愚痴的「叛逆」，不禁泛起了惻隱之心，盡力挽救。也曾接過學生的求救和「報寸」，在課堂沒收「紫色的心」（迷幻藥），以及制止兩幫黑學生在操場「開片」。

七十年代，是迷幻藥荼毒學生青少年的年代。阿咩曾在課堂裡沒收過 LSD。並以〈紫色的心〉一文記之。

結果，課堂秩序有所改善，學生開始留心聽課，成績稍見進步。逐漸，「楊 Sir」的口碑在學生中傳頌有加。有幾個頑劣分子小頭目，下課後還走上前，跟楊 Sir 敬禮 Sa 冧：「阿 Sir，你講得啱！係我哋唔啱！我哋以後一定努力！」

　　在某年的謝師宴上，有個大男孩流著淚走上前說：「阿 Sir，我以前好憎你！你上堂用本書『扑』過我嘅頭，仲罰我企！而家我好多謝你！就係因為你夠惡，會考我先用心操練，搏命做你嘅『貼士』。結果唯一一科合格嘅，就係數學！對自己、對屋企、對楊 Sir 你，都叫做有個交代。」

　　工作至此，接受了挑戰並有成就感，覺得比編甚麼文藝副刊有意思得多。雖然每一節講解的是同一樣的數學教材，但每一天回到僑輝大廈的「劏房」，阿咩都辛勤批改作業、為翌日備課，工作至凌晨四點，清晨一早就起床，豪華地由北角乘的士到堅道，開始又一天朝八時半至晚六沉重的教學生涯。

　　此時，大陸文革的鬥爭形勢變動太大，鄧小平在周恩來病危時復出，一時又由「劉鄧司令部」的奸角變成「國務院副總理」。阿咩對甚麼國家和政治等等，已經有所淡漠。心中只有一個目標：現在是教師，就要悉赴全力，將教師的職責做好。

　　每天教數學，對於腦筋也是難得的啟動和訓練。遇到難解的幾何題，阿咩與班上的學生逐步解釋，每題推敲，訓練嚴謹的思考力。教著教著，數學的精神滲透腦海，訓練成頭腦清醒、心思細密的理性思維。沒有想到，這幾年的數學教師生涯，像《西遊記》裡孫悟空關在太白金星的丹爐中，接受丹火濃煙的洗練，一副數學腦筋、邏輯思維，在生命的下一階段，令他的人生別放一番艷彩。

　　在聖思定教書，身邊的教師同事都來自非左派社會，對於中共、世界、經濟和政治，個個一竅不通。在教師休息室裡，阿咩從來沒有

「表露身份」，不向任何人透露 1967 年的經歷。每天午膳與教會考班的同事在堅道一帶的西餐廳圍坐共食，叫一客三元半的常餐，已經有羅宋湯、鐵板雜扒、西炒飯、咖啡或茶。

教 Form 5 中史的曾錦河老師（前左四），與教會考班數學的阿咩（前左三），中午時常結伴到衛城道的堅城餐廳吃常餐，對正堅道 111 號。二人不約而同從聖思定轉到萃華任教，為阿咩罕有的兩校同事。

　　阿咩最愛光顧的堅城餐廳在衛城台，剛好是他童年舊居堅道 111 號對面。每次行經，總記得在祖母居住的三樓，「飛機欖」叔叔，如何隔街、在衛城台把「飛機欖」準確地拋上騎樓，滋味難忘。

　　在課餘的空檔，阿咩還會獨自從堅道漫步，到香港動植物公園（兵頭花園），看看那英皇的銅像。前面是米字旗下的港督府，想起小時父親帶他到來，還說他是「小英國人」。但現在，家已散了。父親在自己入獄後，也不見經年了。

現在的阿咩，穿西裝、打領呔，是受學生和同事尊敬的楊 Sir，不再是穿囚衣的赤柱少年犯，也不是著涼鞋、穿短褲的小編輯了。

想一想：現在的月薪是「學生樂園」的七倍，囊有餘金，可以鋸牛扒、搭的士，原來口袋裡有錢的感覺，真爽！那麼自己在《新晚報》工作那五年，刻苦學「雷鋒」，為「革命犧牲」，是否有點傻瓜呢？

▍再當左派的「螺絲釘」

但是「老領導」卻沒有忘記這位讓他出外搵食的「小兵」。金文泰「戰鬥隊」的好同學梁中昀，因中五會考成績一般，未能在原校升讀中六，阿咩入獄，他「著草」。幾經轉折，進入「師範」，當上體育教師。但仍熱心於團結學生的工作。1973 年秋，梁中昀約阿咩見面，告訴他自「學生樂園」停版、編輯部解散後，辦公室一直閒置，學生讀者班組活動亦無以為繼。他覺得可惜，已經申請接手，將與金文泰另兩位校友——游水健將施天應、羽毛球好手潘小敏，社團註冊為「雅健體藝社」，社址設在「九樓」，梁中昀會擔任創社社長。

梁中昀說：「『雅健體藝社』工作的目標一樣，也是通過文藝康樂、體育活動、面向『官津補私』，繼續團結青少年大多數。紅五月的戰役結束了，愛國反霸的鬥爭是漫長的，遠遠沒有結束，《新晚報》的招牌卸下，我們還要以不同的面貌繼續下去。所以希望你擔任『雅健』義務功課班導師，繼續團結群眾。不過，由於你有刑事案底，不能做社團的註冊人，故此你不能做『雅健』的負責人，甚至連做幹事都不可以。」

此話如雷轟頂！那份被拋棄的感覺，阿咩至今仍然無法忘記：需要你時，就把你捧到天上，更以「無私奉獻」來打動你；不要你了，就讓你自生自滅。這或許就是魯迅所講的「捧殺」吧。早前李廣明只

說「學生樂園」結束，著他另謀高就。原來就是為了讓梁中昀接手而鋪路。

想起在金文泰時，跑馬地讀書會的何小姐；又有「學生樂園」和梁國雄、曾禮賢；他曾帶隊北上參觀學習的學生團團員，忽然有所頓悟：自己是一張巨大的網中，其中的一個「網眼」。梁中昀也一樣，但他的網結和網繩，比自己質地更好，撒出去的面積，也比自己這單一的大許多。

可是，自己已不知不覺中被邊緣化了：從「學生樂園」的負責人，變成「雅健體藝社」的一個幫閒。從《新晚報》的編輯，變成一家私校的教師。雖然有點不快，但「大局為重」。獄中的歷練，令人樹立了無私奉獻的「革命理想」，阿咩樂意繼續在課餘做點青少年工作，所以也欣然答應好友的邀請，做「雅健」的義務導師。畢竟，「組織」的親和力細水長流，像大家庭召喚孩子一樣：過了許多年，那陣熟悉的炊煙飯香，能把出走了的孩子叫回家去。

在《學生樂園》及同址的「雅健體藝社」當義務教師的阿咩（最後排右三），創辦了「學術組」，並建立了「義務學生教師制度」。「學術組」組長、金文泰學弟張偉成（中排右三），後被推選為雅健社長。

「阿玀」梁中昀在六七暴動期間，曾不知所蹤，原來是「著草」北上。這時梁中昀告訴他，他的一位堂姐梁錦珊，一早在警隊任職。她暗中幫忙，保護了這位堂弟。否則，一定也同是「赤柱囚徒」。

「港英的皇家警察裡，怎會有你的親戚？他們不是做好詳細的家庭背景審查嗎？」阿咩問。想起父親楊液池，因為母親招商局的左派背景，連一份像樣的官校教職也找不到，梁中昀竟然相安無事，頗為不可思議。

梁中昀聽了，沉默片刻，沒有回答。

梁錦珊 1945 年生於廣東，六歲隨同父母來香港。1961 年中學畢

雅健水運會在港島維多利亞公眾游泳池舉行。「雅健體藝社」為金文泰中學三位體育健將梁中昀（田徑）、施天應（游泳）、潘小敏（羽毛球）在 1974 年創辦。

業後投考警隊，筆試名列前茅，但不知何故，未被取錄。她失望之餘，寫了一封長信給警方，要求解釋不取錄的原因，答覆是：因未能通過視力測驗。

梁錦珊不服氣，她覺得自己視力良好，於是三次去信警隊，要求對自己的申請予以重新考慮。

申訴石沉大海，梁錦珊只好進聖嘉勒女書院教書。不久，警方的招募部忽然來信詢問：她還有意加入警隊嗎？六十年代，警方聘用的政策有所改變，想招攬學歷高一點的女性，可能有一位輕微近視的港大女生已獲錄取，英國人於是想起了她。

梁錦珊進警隊後，工作勤奮。1967 年 5 月，暴動前線，她擔任指揮官之一，更獲警務署長嘉獎，此後步步高陞，至助理警務處長。曾有機會問鼎首位「一姐」的她，卻在 2009 年病逝。

一位女警司，據傳竟可把被捕的「根正苗紅」堂弟梁中昀，從警方手中釋放，實在耐人尋味。

梁中昀說：「阿咩，不要多問。我們是好兄弟，以後合作並肩作戰，來日方長呀。」

梁中昀很有事業魄力，果然於 1974 年 4 月，在「學生樂園」原址掛了另一個招牌——雅健體藝社，開辦各種體藝興趣小組：國術、乒乓球、游泳等。後來還增設了舞蹈和籃球。而阿咩則以義務導師身份，創辦了學術組，培養高年級學生指導為低年級學生功課，間中亦搞些學術展覽，也繼續帶學生北上祖國參觀。

1972 年，尼克遜訪華。獲諾貝爾獎美籍華裔物理學家楊振寧、英籍中歐混血女作家韓素音，先後在港大及理工發表演說，歌頌文化大革命的中國，如何脫胎換骨，建立了理想天堂。楊振寧和韓素音的國際地位、西方學術文化背景，提高了宣傳紅色中國的公信力，也激起無數香港大、中學生的好奇心和自豪感。

殖民地的大專學界，「認中關社」的興趣更濃。神秘的鐵幕中國，打開了一線縫，年青人紛紛渴望能親身去認識「祖國」。兩家大學學生會，及香港專上學生聯會（學聯）發起，在荷李活電影、披頭四及木匠樂隊、無綫電視劇和《歡樂今宵》之外，一股隱隱然、勢不可擋的時尚、進步潮流席捲學界。1975 年，「國粹派」於香港大會堂舉行「中國週」展覽，學聯中學生組、學友社，以及一些如雅健體藝社之類的左派灰線學生社團等響應，從「認中」到「認祖」，這股豪情壯志，熊熊愛國烈火，由專上學院燃燒至官津補私中學生。

自七十年代初的保釣運動，到 1975 年第三次批鄧的反擊右傾翻案風，香港大專學界踏進了一個愛國

梁中昀八十年代到新華社任學生處處長，九十年代創辦東區家長教師會聯會。1997 年後兩度受勳。圖為曾蔭權頒授特區銅紫荊星章。

「火紅的年代」。直到 1976 年清明的四五天安門事件、同年 9 月毛澤東逝世、10 月粉碎四人幫、1978 年鄧小平重新掌權，並奉行改革開放之幾近資本主義政策，曾積極推動學運的大專「國粹派」內，不少人面臨信仰崩潰。很多為向中學生灌輸紅色思想，而當上教師的大學畢業生，由「人類靈魂工程師」，紛紛響應國家新時代號召，下海從商。各人心路歷程和不同際遇，稍後分解。

阿咩在聖思定教書，雖然教務繁忙，卻心癢難熬。梁中昀、李廣

明社長時有「任務」交代下來，當然義不容辭。有時要請假幾天，前往廣州百花園港澳同胞接待辦公室，與港澳工聯會、新界社團、左派學校等各方面的代表開會，分配參觀訪問團的事。團隊都由全國各地中旅社或工會接待，所有參與協調小組的人，都是所屬單位的受薪職員，只有阿咩一個是義工，不但是義工，甚至是貼錢的，因為請假要扣薪。但為了幫助年輕人「認識祖國」而作出少少犧牲，肯定是值得的。

開完籌備會，從穗返港，回到學校復教，不敢說明請假原因，卻胡編藉口：有時說因病、也是吸煙引起的禍——最常是喉頭發炎，有時甚至在襯衫胸前戴一條黑紗——謊稱家中摯親逝世，要奔喪。校長也不疑有詐。於是阿咩的「摯親」，在這兩三年間「逝世」了許多次。只記得有次，阿咩連已逝世十年的祖母，也為「革命」死多了一次。

在聖思定執教時期，阿咩仍是主理「官津補私」學生到內地「參觀學習」的大義工。圖為他 1975 年帶領學生團坐火車到華東，在俯視外灘的上海大廈天臺留影。

北上的參觀學習團，直至
1976 年四人幫倒台才停辦。
而在其中，阿咩結識了不少大
學生才俊：有一戴眼鏡的年輕
人，名叫陳毓祥，當時是港大
學生，斯文低調，對祖國的一
切成就極為振奮。他參加了阿
咩安排的北上團，阿咩在廣州
百花園首次見到他和大伙兒歌
唱祖國，也到港大陸佑堂，看
他在文藝匯演中和同學們高唱
抗戰時期的《畢業歌》。「陳
祥」是香港大學學生會會長，
也是專上學生聯會會長，是「認
祖關社」運動中，偶像級的學
生領袖。阿咩還以這位好友為
原形，寫了一篇散文〈野孩子〉
發表在《文匯報》「水珠集」，

陳毓祥（1950-1996）遺照。好友魂斷
釣魚台，用生命證明了自己是「祖國的
親孩子」，也成了阿咩心中永恆的傷
痛。

感動於他不當野孩子，要做祖國的親孩子。1996 年，陳毓祥因參加保
釣行動在釣魚台附近水域殉難，成為第一位保釣烈士。其當年八歲的
兒子陳安立，現在是 Viu TV 節目主持。

這伙純潔而略帶天真的大學生，暢遊大江南北，由廣州烈士陵園、
毛澤東「農民運動講習所」遺址，到南京長江大橋、北京天安門廣場、
湖南韶山毛澤東故居、秋收起義的井岡山。其中穿插參觀公社、幼稚
園、工廠，還加點名勝古蹟。攀登長城，自然屬於指定項目。大家暢
遊祖國河山，紛紛覺得開拓眼界，打開心胸，一路上興高采烈，喋喋
不休。

以陳毓祥為原型創作的〈野孩子〉，描述七十年代香港青年的身份認同困惑。

香港年輕人很純樸，只是缺乏中國政治歷史經驗。團長阿咩，在廣州港澳同胞接待辦食堂，看著他們端著飯碗，一面吃飯，一面大讚祖國的菜式美味，心想：自己在 1967 年暴動中，還曾經坐牢，這點「戰火經驗」，你們有嗎？若果當年自己沒有走上這條「愛國反殖」之路，今天該是和他們一樣，也一定會北上參觀學習。

想到這裡，阿咩不禁為無法走進大學之門而酸溜溜的。然而，如今雖是義工，要貼錢，但能安排或帶領這些「天子門生」來到祖國懷抱，算是一點貢獻，也暗感自豪。

七十年代初，香港經濟勃興，社會文化一片興旺。由於擁有言論自由，真正百花齊放。香港的知識界，「認中關社」的進步大學生，心向祖國的聲音之外，「保釣運動」在維園，催生了一場靜坐，卻引來港府警方血腥鎮壓，拘捕了幾個人。這場運動之前，已有 1970 年的「爭取中文成為法定語言」，幾位投身社會運動的知識青年吳仲賢、莫昭如、岑建勳等一馬當先，高喊口號，也有幾分推翻殖民地社會的激情。

然而，這股另類的「進步勢力」，香港的左派不但極為疑忌，而且馬上視之為「異類」。「保釣」本來是美國的台灣留學生發起，香港左派外圍刊物《七十年代》對於開啟這些學生的國家意識，貢獻不

少。但釣魚台畢竟歷史上是「中華民國領土」，中共並無參與這場運動，故香港左派並無全面介入。由於在夾縫中受壓，令莫昭如走向無政府主義。吳仲賢等人則逐漸打出「革命馬克思主義者同盟」的旗號，別樹一幟，鼓吹列寧身後、史太林的死對頭政敵托洛斯基的「不斷革命論」。台灣的國民黨文宣勢力，以《香港時報》為首，結合著 1971 年，中華民國聯合國席位被中共佔據的怒憤，也不斷聲討毛澤東的中共如何禍國。

私校教師的生活，忙得三頭六臂也不夠用。但阿咩精力旺盛，加上真光小學基督教思想薰陶：「非以役人，乃役於人」及金文泰中學的「文、行、忠、信」校訓，與馬克思的「解放全人類」及毛澤東的「為人民服務」神奇結合，化為一股奉獻社會、救助貧苦大眾的理想動力。清教徒式的生活，不但戀愛拍拖確實沒有時間，這股慾望亦要遏制。男女之情、生來對異性的慾望，在這股奉獻精神之下，即使沒有壓碎，也必要靠邊站了。

付出的努力沒有白費。聖思定英文書院的數學科會考成績，自從阿咩加盟，大幅度提高，平均合格率超過七成。聽見校監、校長公佈成績，帶著滿意的笑容，阿咩更覺得延續 1967 年的精神。雖然形勢不一樣了、世界也變了，但一顆紅心、一股熱血，識貨的人，在香港總是有的。

▎ 1976 年的風雨驚雷

七十年代，香港到處大興土木，地鐵工程展開。英治香港政府埋頭治理香港，麥理浩沒有半句空話，穿著一襲夏威夷，僕僕風塵地視察民生。這位來自英國外交部的蘇格蘭總督，對於殖民地有悲天憫人的胸襟。他來香港不久，就由香港的副官帶他到木屋區和舊區巡視，

看見香港華人許多居住環境如此擠逼而惡劣，麥理浩大為驚訝，也動了惻隱之心。

有一天，副官帶他去中環堅道附近戰前建成的加冕台。麥理浩看見其中的一棟破舊的唐樓，竟擠住著許多伙人，覺得很諷刺：這條短街以英皇佐治上台加冕為名，為甚麼殖民地土著住的地方，看上去卻像帝國的恥辱？加冕台旁邊的一條街，叫做「贊善里」（Chancery Lane），更是倫敦律師法官出沒的上流地區的一條街的原名。一步之遙的中環，是香港的金融經濟文化中心，麥理浩再也不能容忍在港督府視線之內的地方，竟然還有這許多生活環境缺乏人權的蝸居。麥理浩巡視完畢，終於下定決心，推行新的房屋政策，冀能「居者有其屋」。而他不知道的是，他剛到過的加冕台舊樓，是香港左派《大公報》的員工宿舍。小說名家金庸，1949 年由上海來香港之後，也在這裡短暫住過。

1976 年 1 月 8 日，在極度低壓的大陸政治氣氛中，周恩來總理逝世。周恩來之死，在香港引發不分左中右的一陣哀悼、惋惜之聲。許多有正常思維的人，包括在香港的中國問題專家，早就看得出：以周恩來為首的國務院務實派，與毛澤東扶持的江青張春橋等文革極左派，展開殊死鬥。如果以周的務實建設路線治理中國，則毛澤東的左禍遺害有望減輕。然而很不幸，周恩來死於毛澤東之先，亦即表示毛左路線將更不受制衡，進一步在中國橫行。周恩來之死，連麥理浩的港督府也下半旗致哀。

1976 年是不平凡的一年。三個月後的清明節，北京市民自發聚集在天安門廣場，許多年輕人即場吟詩，發表對周恩來的公開悼念。悼周的人越多，表示對毛澤東江青路線不滿的民憤越大。阿咩看著報紙，感到困惑：天安門許多詩篇，明明是暗藏反毛反革命的反共作品，譬如其中著名的一首：「欲悲聞鬼叫，我哭豺狼笑，灑淚祭雄傑，揚眉

劍出鞘。」還有標語說：「中國已經不是秦始皇的中國，人民也不是愚不可及。讓一切閹割馬列主義的秀才們，見鬼去吧？」這首天安門詩篇，得到查良鏞做主筆的《明報》和許多知識分子的讚賞。然而，阿咩卻嗅出一股激烈的攤牌味道：為甚麼在毛澤東領導下的革命中國，還會有「豺狼」？有人要「揚眉劍出鞘」，是不是想推翻共產黨的紅色政權？誰是閹割馬列主義的秀才？毛澤東明明推崇秦始皇，如秦始皇統一中國，焚書坑儒有功，為甚麼天安門有人公開叫秦始皇「見鬼」？這不是言行的反革命政變的前奏又是甚麼？

然而，如果這些人支持的是周恩來，那麼豈不證明，香港「反動」報刊的觀察正確，周恩來就是暗藏的另一名反毛分子？但這個人聲譽如日中天，又深受人民愛戴。如果毛周兩派的對立是真的，毛澤東的「不斷革命」理論也正確，那麼豈不是周恩來早就是帝國主義在中國的代理人？

太多的徬徨、困惑、不解，中國，成為一個比獅身人面像還難瞭解謎底的一團神秘的紅色漩渦。這幾天，羅孚主持的《新晚報》，也對周恩來發表充滿感情的哀悼。羅老總長期做文化工作，周恩來在「文革」時期也據說「保護」了大批文藝工作者。周恩來也是香港政策的最高執行人。羅承勳對周恩來的感情是很自然的。如果羅老總也堅定支持「周總理」，至少證明周恩來沒有錯。而所謂「毛周對立」之說，也應該是外界毫無根據的揣測。

然而四五天安門事件，卻又證實了毛周兩派鬥爭確有其事。很快，民兵進駐廣場，以棍棒鎮壓了天安門的悼念運動。隨即，鄧小平為此倒台，負有全責，撤銷黨內外一切職務，「保留黨籍」，以觀後效。

復出才幾年的鄧小平，又因周恩來之死，再次被打倒。一時之間，江青、張春橋的氣燄大張。香港的左派各界，驚訝莫名。肅穆而沉默，都不知如何揣摩解釋。《大公報》因為費彝民的暗線，較為支持周恩

來，但《文匯報》卻傾向於江青張春橋等極左的「工農兵」陣營。

阿咩漸覺局勢極為混亂，烏雲密佈。周恩來的喪禮，規格辦得很小。在電視新聞見到的江青，哀悼時連帽子也不脫，引起左派一些人的咒罵。但左派也隱然有周恩來派和江青派。

然而甚麼是對、甚麼是錯？再也看不清楚。

眼看周恩來，隨時變為「黨內第十次鬥爭」的首領、頭目而遭鞭屍，只是，周恩來的骨灰已灑佈江海。不久，唐山大地震爆發，香港7月的一片熱浪，彷彿也隱隱感受到神州遙遠的震動。

朱德逝世後不久，毛澤東在9月9日「駕崩」，期待已久的消息終於公佈。晚年的毛澤東老朽得不似人形，但仍抓緊權力接見外賓。巴基斯坦總理布圖、新加坡的李光耀，都在毛澤東最後的日子，進入中南海，與口齒不清、攤在沙發上流口水的昔日「紅太陽」作最後的朝聖和訣別。

1976年9月9日毛澤東病逝。江青、張春橋、姚文元、王洪文，出席了毛的遺體告別儀式。（上圖）
同年10月，「四人幫」被逮捕，四人隨即在同一張新聞照片上「消失」。（下圖）

毛澤東一死，在葉劍英等老帥的支持下，江青馬上被接班人華國鋒逮捕。平地一聲雷，1976年10月北京「打倒四人幫」的消息傳開，整個北京城都熱烈慶祝。香港左派，包括愛國師生、熱血青年卻如五雷轟頂，不知如何跟隨。更聽說大陸人民爭相購買綁著的螃蟹，並指明要「三公一母」；到處敲鑼打鼓慶祝，歡呼「第二次解放」？江青、張春橋、姚文元、王洪文四人，大公文匯兩報，天天吹捧。不久前還是文革旗手，是毛主席的好學生。怎麼又如林彪副主席、國家主席劉少奇，可以瞬間變成叛徒、內奸、工賊，由天國墜下地獄、由紅變黑？下一次，又該輪到誰呢？

1976這一年，壓在中國人頭上的一尊罕見的巨大神像，頹然崩塌。毛澤東死了，周恩來又變回英雄，那麼代替病中周恩來推行國務院建設的鄧小平，又如何評論？大陸的政治地震，令香港左派陷入前所未見的尷尬困局。左派的新聞輿論，特別是在香港前線的統戰人員，要為否定昨日的立場而向社會交代——如果這個社會，曾經理睬過他們的話——而羅承勳長年奔走於文化學術界，為毛澤東和江青的路線百般解釋辯護。李怡的《七十年代》，也刊登過許多海外學者訪問毛江紅色中國後的歌頌文章。

跟隨香港正統左派、而又沒有共產黨「領導」的外圍本土左傾知識分子，以《盤古》雜誌為例，加上香港大學學生會《學苑》、「認祖關社」的一幫，頓時不知所措。

但香港的左派文宣，很快就接到指示：不可以讓香港人的信心產生動搖。羅承勳等人，其實長久以來，也是思想從未真正跟得上江青的小資產階級分子，真心為四人幫的倒台而高興。《新晚報》的社論興高采烈，主張早日重判四人幫。而《七十年代》，則陷入冷靜的反省。主編李怡，開始重新認識前半生的信仰。

「四人幫」被打倒，鄧小平復出的呼聲漸高。果然，在民間和黨

內的重大壓力下，華國鋒無法阻撓。加上復出的胡耀邦，對毛澤東思想不可挑戰的地位提出了質疑。此時，全世界都覺得：文革十年動亂終於結束，中國走出了極權恐怖的陰影，重回務實建設正軌。中國，似乎有希望了！

轉職萃華英文書院

私立學校，當時大部份仍是一盤生意。1977 年 6 月，聖思定的女校監與老闆不和，帶同幾個親信一起離職，以示抗議，並叫阿咩也隨她請辭。阿咩覺得，是女校監聘請自己的，雖然她沒有為自己作出任何新安排，但自以為重義氣，仍是糊裡糊塗地向聖思定遞了辭職信。一夜之間，變成失業的孤家寡人。

阿咩在教書的同時，也開始在左報發表散文和政治理論文章。辭去聖思定的教職後，剛好三聯出版社要為阿咩幾年來的報刊文章結集出版，於是整個暑假，阿咩便埋首重新整理文稿。可是後來因為大陸形勢有變，出版計劃取消，令阿咩憤而焚稿，並決定從此擱筆，這是後話。

作家夢碎了，又要為糊口籌謀。左派報紙的後路沒有了，剩下教書一途。教私校雖然辛苦，但好在因「全教會考班、節數多」，明碼實價、多勞多得，離開聖思定時，已月入幾千元，生活無憂。況且，自己現在除了在課室向著一幫清貧頑劣小子喊破喉嚨、照課本教學，好像也沒有甚麼其他本事。於是，把心一橫，拿著電話簿，翻開「學校」一覽的黃頁，找另一家私校落腳。

黃頁以筆劃次序劃分。私立學校這一欄排第一的，就是名字筆劃最少的「文法書院」。阿咩按電話號碼打過去，硬著頭皮，問要不要聘請教師。

接電話的，是一名中年女子，告訴阿咩：「我們這裡不是文法書院，但你也沒有打錯。文法書院關閉了，被我們收購。從此，這裡是萃華英文書院。如果你有興趣，可以明天來見工。」阿咩問：「見誰？」對方答：「我囉。」阿咩又問：「你是哪位？」對方說：「我是校監杜淑婉。」

接電話的女士就是校監杜淑婉，約見處在油麻地砵蘭街的分校。

杜校監三十出頭，端莊美麗，有股書卷氣。她看見這個黑框眼鏡的年輕人，一頭亂髮，身型瘦削，想當是肯辛勤捱苦之人。而且過去四年，在聖思定教數學會考班成績很好，於是馬上取錄，著阿咩翌日開工。由於已是 10 月，中五數學科已有老師任教，阿咩暫被安排插教中四。

萃華（Oberlin College）這家私校，比聖思定規模大得多，全盛時有四、五間校舍。阿咩第一年在砵蘭街分校，翌年，調到筲箕灣東大街教中五數學，做「環頭環尾」的開荒牛。

七十年代中後期，是香港私校的黃金時代。當年以王澤森承辦的新法書院規模最成功：女學生穿著由時裝設計師設計的白色百褶短裙，深藍色水手上裝，個個少女像日本女神。雖然校規鬆散自由，但利潤驕人。其他如崇文、文理（其實是隱藏的左派開辦，阿咩的「啟蒙人」金文泰師兄謝鏡添，在該校任實驗室管理員）、崇真、利瑪竇、威靈頓也有名氣，組成了香港私立中學的戰國時代。

萃華後來居上，經營得法，很快就發展成有五家分校。除了銅鑼灣，在筲箕灣的東大街和九龍的油麻地、土瓜灣、旺角各有一間。每間分上下午校加夜校，學生共八千人，一時人強馬壯，聲勢浩大。

教私校的薪酬，完全是「多勞多得」，以上課節數計算。教師像一頭耕牛。一節課三十五分鐘，年輕力壯可以由八點半一直踩到下午六時，中午有一個小時供匆匆用膳小休。萃華書院的校長叫鄭明韜，

萃華校徽——OC。
美國有一家同名大學。

萃華校服，寄託著校方的辦學熱忱和冀盼學生正派向上的宗旨。

萃華是全港最早在租來的
校舍全幢安裝冷氣機的私
立中學。校董會這難以回
本的舉措，是為了不讓外
間的噪音影響學生課堂學
習。圖為阿咩曾服務的東
大街分校（1978-1981）。

不純是市場學店商人，持有港大教育文憑，也擁有一顆有教無類的教育慈善心懷。憑一腔激情，1972 年成立萃華，短短五年之間，在港九的低層社區，已經打響名堂。萃華是夫妻檔經營，杜淑婉是其夫人。各分校校長，也有持股。

萃華創辦人鄭明韜校長，持有香港大學教育文憑，後任廣東省政協委員。

皇天不負有心人，萃華不但很成功，而且鄭明韜得中方賞識而統戰籠絡，委任為廣東省政協。可惜天不假年，1980 年以四十五歲的英年病逝。

其時任教萃華的，不乏臥虎藏龍：其中有後來任教中大的才子左冠輝，阿咩發現原來帶大他的何家保姆金義姐，竟是左 Sir 的姑婆，二人童年時曾在何世昌藥廠一同玩耍；還有留學台灣的才女李默，及其劇作家新婚丈夫秦天南；兩人都情傾中華民國，而且性好歐洲前衛文藝。阿咩與一眾陌生、政治立場可能相異的同事為伍，在辦公室多沉默不語，走進課堂則傾力教書。幸因他的數學底子深厚，加上一點口才，把一眾小子搞得甚為服貼，每年中五會考，他學生的合格率都在七成以上，高於全港平均。楊 Sir 英名不脛而走，令同區學校學生不少都慕名轉到筲箕灣來，為的是修楊 Sir 的一科數學。祈會考合格，甚或取 A（優）、B、C（良）。

一天共上十二節課，阿咩教的是不同的十班。上下午各六節。萃華是男女校，後來投身社會的人才，有電台名 DJ 車淑梅、四大天王的黎明、舞王麥德羅、麥德和兄弟等，校友們在各行各業默默耕耘、發熱發光。

教私立中學雖然辛苦，但阿咩信心十足。憑著聖思定學生取得數學佳績，阿咩自信「天生我才」。萃華學生比聖思定受教，一千年輕

萃華陸運會上的評判為同在筲箕灣分校執教的阿咩和左 Sir（右）。2016 年，左冠輝更任《我愛秋風勁》中英合集的英譯。

在校慶演出過的《鳳凰之歌》，為阿咩1980 年曲詞原創，並刊於當年的萃華校刊。三十五年後，阿咩請好友黎小田編曲配樂，成了音樂劇《那年五月》的主題曲《再生》，歌頌鳳凰浴火重生的精神。

人看著阿咩演繹複雜的三角、幾何、代數，還有時興的新數，眼睛閃著亮光。有幾個學生特別有上進心，放學留下來向咩 Sir 請教。如此生涯雖然辛勞，但仍感滿足。其中一位學生蔣翼邁青出於藍，在英國取得數學博士，在香港科技大學任數學系教授。阿咩心感快慰！

在萃華，阿咩也曾數度「出位」：

一是作為中五班主任，竟著全班寫週記。初而噓聲四起，及後，竟多人「盡數心中情」，阿咩都作回應。個別受家庭、感情等困擾的，阿咩會約見在教員室輔導，有點重回在「九樓」做「思想工作」的感覺。

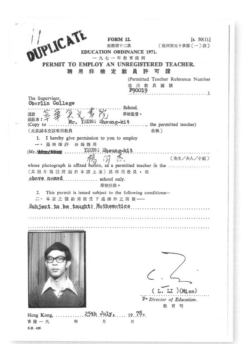

萃華時期的「教員許可證」。深受校方
信任的阿咩，四年間，教遍硤蘭街、
東大街分校。還有土瓜灣夜校、銅鑼灣
GCE 班等。足跡遍港九。

備受歡迎的「Maths 佬」——楊 Sir，在 1979 年與萃華東大街分校的應屆畢業生合照
（中排右十為班長蔣玉泉）。

另外，身為「咩屎」（數學）老師，在學校並不知道其專欄作家身份，主動請纓組織及訓練中文朗誦隊，參加校際朗誦節，並於數十參賽隊伍中，取得季軍。

作為前 YMCA 口琴隊成員，阿咩作曲填詞，以浴火重生的精神，譜寫《鳳凰之歌》，在校刊登出，並在萃華校慶演出，全場側目。

那邊廂，萃華四年，阿咩亦覺「沉淪」：

在砵蘭街外圍投注站，竟偶爾發現阿咩和其他老師的身影；在尖沙咀美麗華酒店的 Gun Bar 和銅鑼灣怡東酒店地庫的 Dicken Bar，課餘飲酒「吹水」；在大嶼山長沙的度假屋，不肯學打麻雀的阿咩，竟和校長、校董賭起「牌九」來！還有幾次，阿咩仰望「鳳樓」，慾熾高張，在迷失之間，差點忍不住誘惑，跟了同事到「魚蛋檔」「打魚蛋」❺ 呢！

四人幫倒台後，大學生回國參觀學習之類的統戰活動，在一片困惑中已沉寂下來，甚而完全停止。萃華時期的楊 Sir，已毋需以「家有白事」為藉口，一年兩次往返廣州，義助學界的「學習班」和參觀團了。

四人幫掌權的文革時代，香港左派，緊緊跟隨毛江極左路線。每每參觀公社、工廠，將「無產階級文化大革命」下的中國，吹成人間天堂。阿咩記得，1975 年暑假，他帶領一班大專學生到訪北京大學，曾參與「梁效」（兩校——北大、清華）的座談，後來才知道，這個「梁效」是四人幫的御用寫作班子。

---

❺ 盛行於八十年代的色情場所的「活動」。客人可以在此一逞除性交外的手足淫猥之慾。因為淫猥的對象大部份都是未成年少女，大都剛發育不久，胸部微小，如魚蛋一般，「滾友」戲稱猭玩時就如同打魚蛋一樣，所以便有了「魚蛋檔」之名，而那些少女便被人喚作「魚蛋妹」。但由於她們都未成年，故一般只做除性交外的活動。參見：娟娟：〈魚蛋檔 摸黑搞搞震〉《太陽報》2009 年 7 月 22 日。

鄧小平復出，中國全面向市場經濟的右方轉，其實是走上毛澤東生前不斷警告的「修正主義」和「資本主義復辟」的道路。一時間左派的統戰，在混亂中幾乎全線癱瘓。以前的唱好，現在都變成「文革四人幫禍國殃民」的垃圾、謊話。其中更有傳言，重災區溫州，因受文革「人禍」，經濟近乎崩潰，有家庭甚至要賣兒賣女。

阿咩側聞羅孚的心情很不好，因為面對一干知識分子朋友，中共的一切，由曾經被打倒的「走資本主義道路當權派」鄧小平復出開始，全部要修補、解說、打圓場，這可是天大的難事。

為何毛澤東一死，走資派鄧小平復出又萬眾歡呼，更視為第二次解放？

進學修身在樹仁

阿咩天天上課，也不停思考。眼見香港左派系統，如一條巨大的變色龍，以前的極左口號，從此絕口不提。而阿咩論述托洛斯基思潮及其派別的專書，終於沒有出版。阿咩心想，自己豈非也被時代淘汰？到了這時，連甚麼叫「毛澤東思想」，左派也置諸腦後了，還論甚麼托派與毛派？在萃華工作的日子，阿咩再沒有與羅孚往來。這位老前輩，到底如何向他統戰的對象——學者、大學生、知識分子，解釋從前自己宣揚的革命路線，已經被「走資派」鄧小平全盤否定；推翻昨日的我，從頭再來？

然而，阿咩沒有為羅老總操心，反而看到個人前途的新路向。

回望過去十年，因為政治信仰，喪失了晉升大學的機會。自己的數學根底雖然好，也成了兩間私校的名牌「Maths佬」，但數理並非真正興趣，阿咩對文史哲更為熱衷。看見私立大專樹仁書院，設有夜

間文史課程，還聘得名噪一時的司馬長風，主講中國現代文學，阿咩想也不想，立即報名。

　　日間在萃華教書至六點，一星期五晚，趕到灣仔的樹仁夜學部，專修中國文學和中史。七時上課，九點半下課才吃晚飯，如是者三年。阿咩每晚都氣喘跑步上萬茂徑，必見到校監胡鴻烈夫人——鍾期榮校長，在校門以嚴厲的眼光，來「歡迎」快將遲到的學生。

日間在萃華執教數理化，夜間在樹仁修讀文史哲。阿咩感恩樹仁設夜大專，給他勤工儉學、進修的機會。

與校監胡鴻烈攝於寶馬山樹仁大學門前。胡鴻烈、鍾期榮伉儷，是香港名實相符的教育家。

在入讀樹仁夜大專中國文史系四十五年後，小師妹思婷在區志堅教授指導下，以阿咩為例，論述「港英管治下香港愛國青年的成長及其言論」作為其畢業論文，並獲頒歷史學（榮譽）學位。

「赤柱大學」畢業十年，阿咩頓然重回知識的海洋。雖然金文泰同學早已大學畢業，但也不無為自己能「勤工儉學」感到自豪。入到樹仁，這位「老學生」花了兩年，鑽研磚頭厚的《說文解字》，試圖瞭解中國文字的沿革，居然津津有味。

教授現代中國文學的司馬長風是東北漢子，昂藏六尺，曾任職美資的友聯出版社，對共產主義深惡痛絕。但司馬長風對中國的新文學如數家珍：魯迅、丁玲、蕭紅、郁達夫、郭沫若等。

司馬長風涉獵極廣，一口東北的民國國語，字正腔圓，對於北地故國、人文山水，司馬長風有無限的懷念與激情，講起蕭紅的《呼蘭河傳》，又彷彿訴說自己的少年往事。司馬長風的口才和魅力，令阿咩這個南國青年茅塞頓開，洞悉中國之大、天下之奇。快到三十之年，方知審時觀世。不能只從一個角度看、也不能只從一個層面思考。

司馬長風講新聞學史時，也不忘提到中共在上海左傾作家之間的滲透。凡此種種，阿咩也覺似曾相識，認識到原來自己在香港做的，隱隱一張灰色的塵網，原來可以上承三十年代的紅色文藝事業。

魯迅為甚麼同情共產黨？丁玲、胡風，為甚麼成為共產黨的同路人？為何知識分子那時熱血愛國，一定視帝國主義為最大敵人？

那麼，自己在羅孚的《新晚報》「風華版」寫了多年的「批托文章」，到底是不是有一隻無形之手，暗中在操控自己的思想、行為、命運？司馬長風是崇尚自由主義的反共學者，對於中共的研究是專家級數，卻又對山河故土，一往情深。一談起中國的前途，憂心忡忡，在阿咩的心頭，撒下一抹從沒感受過的華輝。

畢竟此時，中國已經發生翻天覆地的變化。以前批判的一切，今日因鄧小平再握權，又變成理所當然。

在樹仁夜校的學業，不為文憑，只求學問，雖然只有三年，卻令已焚稿擱筆，只教數理的阿咩，思想震盪，波濤洶湧。可惜的是，1980年秋天，司馬長風在去紐約探親途中，於機場急性中風，失救而逝世，年方六十二歲。

阿咩日間上課、夜間進修，周六、日還到雅健做義務導師和搞活動，日子過得充實、快樂。入息多了，還資助五個「九樓」貧苦學生，直至中學畢業，不求恩報，至今仍有聯絡。

1981年阿咩離開萃華，進入華南旅行社。阿咩離開後，在東大街接手在萃華教數學的，有後來在電視台以「大王」之謔名的金牌司儀安德尊。後來，阿咩更發現，教聯會主席兼全國人大代表的好友楊耀忠，第一份工作竟是萃華教師，還是杜淑婉校監親自面試。

杜淑婉校監（左）在七十年代親自聘請了兩位楊姓老師進砵蘭街分校。其中萃華執教是他人生「第一份工」的楊耀忠（右），後成了香島中學校長、教聯會會長、全國人大代表。

「灼見名家」社長文灼非（左三）曾就讀於萃華砵蘭街分校。2023 年中，邀請了杜校監（右三）及兩位楊老師，一起回顧私校在昔日香港教育史上的角色。陪同的還有1979屆的「班長」蔣玉泉（右二）。碰巧攝製人員中也有萃華舊生（左一）。

1979年，香港政府全面推行九年免費教育，逐漸不再向私校買位，加上鄭明韜校長英年早逝，萃華終於在 1986 年全線結束，被時代淘汰。阿咩雖離開萃華，教育事業卻未就此完結。八十年代中，阿咩還和友人創辦了備受歡迎的日語學校，運作近十年，約有十萬學生，也為當時中港對日迫切的旅遊和商貿發展，培養了日語人才。那是後話了。

　　更奇妙的是，這位 1967 年金文泰中學唯一被捕學生，竟在 2013 年擔任了這家官立中學的「校友校董」，並受前港督金文泰家族授權，與 1967 屆同窗吳自豪博士，共創了「金文泰爵士獎學金」，資助學弟妹赴英升學。又與學弟張適時，創辦了「金文泰北大清華獎學金」，鼓勵母校同學赴京進修。

曾為 1967 年的「叛逆」學生，於畢業五十年後，有幸獲教育局委任為母校金文泰中學管理委員會的校友代表。當了「校董」四年。

第七章 激揚文字

▌筆耕歲月

1973 年初，有過數面之緣的《文匯報》副刊編輯王永楓，約阿咩上波斯富街的報社見面。還有羅孚的太太吳秀聖，曾與李怡共創《伴侶》雜誌的吳羊璧，即作家雙翼，和太太黃芷玲。

王永楓說：「我知道你已在《新晚報》當了四年編輯，但你也是一枝健筆，現在《文匯報》副刊擴版，增闢一個專欄叫『水珠集』，想面對更多青年讀者，你能給我們寫點散文嗎？」

在「學生樂園」當編輯時，阿咩也不時因缺稿而自己披甲上陣，但從未用筆名寫過文章。1973 年開始，阿咩便不定期以「石中英」為筆名，用「散文詩」風格發表抒情散文。

因當年左派學校規定學生要訂閱《文匯報》，學生又最愛看副刊，阿咩

石中英的散文創作始於《文匯報》（1973-1977），圖為副刊編輯吳羊璧（即書法家雙翼）為阿咩散文集題辭。

的專欄甚受左校青少年喜愛，石中英也成了學生的紅色文藝偶像。

1973年10月轉職教書後，在「水珠集」的寫作更勤快了。兩年間，發表了數十篇散文。一天，王永楓說：「我們將有個『青年文學愛好者協會』成立的聚會，你有興趣參加嗎？」獲此邀請，阿咩不禁有點飄飄然：自己已成了青年作家？

開會地點在北角道一棟唐樓的天臺屋，會員多為由福建南來之文青，協會還下設出版社和書店。知道阿咩在報上寫專欄，便建議他結集成書。1975年，四十篇「水珠集」散文，便成了他的第一本散文集《我愛秋風勁》。

阿咩出席「香港青年文藝愛好者協會」金禧晚會，喜遇他散文創作的「伯樂」——王永楓（前排左五）。

這本「香港青年出版社」的「新綠叢書」，1975年出版、76年再版，是英殖香港第一本載有「六七少年犯」所見所聞的散文集，其中一篇〈斷手〉，以中華中學學生在家居天臺，因炸斷手掌而入獄的吳柏富為原型；也有阿咩和YP們在赤柱囚倉，棍棒、拳腳下，用廁紙抄寫下歌詞，齊齊學唱《國際歌》的《那一夜，我們歌唱》……

半世紀的堅持難能可貴，圖為「青年書店」、「香港青年出版社」的現任「掌門人」陳海濱和孫兒，冀薪火相傳。

「老文青」喜相逢。前排左起：《青年樂園》總編陳序臻、劇作家水之音、「風華」主編馮偉才，後排中立者為與阿咩同期於 1975 年在「香港青年出版社」出版詩集的旅加詩人陳浩泉。

阿咩在四十年後才發現，這本薄薄的文集，除了是香港大學孔安道圖書館館藏、中文大學「香港文學特藏」及香港中央圖書館「文獻特藏」，也竟被放進了耶魯、UC柏克萊等九間美國常春藤大學圖書館；還有新加坡南洋理工、澳洲國立圖書館等等，成為香港上世紀「火紅年代」的文字見證。

這個「青年文學愛好者協會」的另一會員陳浩泉，也同時出版了他首本詩集《寫在日曆紙上的詩行》。陳浩泉多年後旅居加拿大，現為加拿大華裔作家協會會長。

1975年初版的《我愛秋風勁》，把四十篇在「水珠集」的散文結集成書，由「香港青年出版社」出版，阿咩時年二十四歲。

我的兄弟，我大哥

〈斷手〉是記載十五歲的中華中學學生吳柏富，在1967年中，因「斷手」而入獄。「六七少年犯」情如兄弟，四十年後，海上泛舟，歡笑同遊。背後為渡過青春歲月的高度設防的赤柱監獄。

阿咩從此白天在左派圈外的聖思定教書、夜間備課，假日到梁中昀的「雅健」當義教，還兼職「文藝青年」。一枝筆的緣份，加上愛祖國的紅心，又把他拉回穩穩的一條命運的軌跡。

在政治言論的戰國時代，阿咩只在《文匯報》的副刊，發表他喜愛的文藝散文詩。教學的月薪為七百元，與母親同住，雖睡碌架床上格，但活得忙碌而瀟灑。母親如常在低調生活著，一句也沒有提起分隔多年的丈夫。

母親任職直屬中國交通部的招商局，嚴密而有紀律，強勢實幹，很早已獲賞識。當時，所有進出中國的海運貨物，都要經招商局。畢業於嘉諾撒聖心的何玉清一口流利英語，助她與渣甸、太古和馬士基等老牌外資公司的船務部門高層直接打關係，增進業績。「招商局何姑娘」的名氣，逐漸在航運界響起來，成為新中國第一代航運達人，招商局當然也對她十分器重。

1974年，招商局的一個董事長病逝，招商局與香港利希慎家族的富豪利銘澤關係良好。利銘澤在銅鑼灣利園山開平道有幾幢房子，租給招商局作高級員工宿舍，其中一套租予當年大陸「解放」時牽頭起義的一名董事長。這位董事長剛逝世，二千餘呎的大宅，只住著他的遺孀和女兒，由於有空房，與兒子屈居劏房的何玉清便申請搬進去。

本來大陸在解放後，許多以前富人的大宅變成大雜院，讓不同的農民搬入實驗共產生活，形成公社狀態，是常有的事。但這位前招商局董事長的未亡人和女兒，在資本主義的香港卻不太喜歡與別人分享家居。來了這對母子，雖然是單位安排，兩母女無甚好臉色。阿咩早出晚歸，也懶得理會。

由十八姨丈那僑輝大廈華潤公司的宿舍客廳劏房，遷進銅鑼灣豪宅般的新居，阿咩母子終於各自擁有臥房。雖然仍是板間，仍睡碌架床，因為何玉清準備將來要接在廣州的兒子來港同住，阿咩已從以前

睡上格「升呢」變成睡下格。更令他興奮的是，原來開平道這列三層平房，中央藏著一個在外面看不到的長方形秘密花園。書桌就在二樓窗前，阿咩天天對住無敵園景，完全具備條件開展他的作家時期，寫作靈感自如泉湧。

白天黑板粉筆，夜裡挑燈筆耕，阿咩的文青時代，開心自在。《我愛秋風勁》的出版，引來了一些知音：有理工學院的女生自掏腰包，竟買了二百本送給同學，還通過《文匯報》的記者朋友區炳強，約了不願露面的阿咩做電話訪談。阿咩在灣仔《文匯報》大樓，與這個女「粉絲」隔空聊了兩個小時，暢談人生與理想，頓覺春風化雨，不單在課堂進行，透過文字也可。

不久，阿咩又被命運安排，從文字創作，跨進表演藝術。

▎義撰處女劇作

1976 年，趁紀念「五四運動」57 周年，老牌親中學生團體「學友中西舞蹈研究社」為拓展社務，在北角新光戲院舉行文藝匯演籌款。阿咩接受學友社元老、舞蹈家楊偉舉的邀請，義務撰寫一齣佔整場演出一半時間的舞台劇劇本。楊偉舉的長子，正是 2020 年香港 DSE 歷史科「出卷風雲」的主角，考評局經理楊穎宇博士。

初次踏足舞台的阿咩，想搞搞新意思——當時，美國已敗走越南，美蘇冷戰，爭霸仍酣。中蘇珍寶島開戰、尼克遜訪華，「北極熊」對中國的威脅漸大。初哥阿咩，竟想搞個反蘇霸的「政治諷刺劇」。

劇本寫好了，是套頗富創意的「黑色喜劇」，阿咩命名為《世界盃吹牛大賽總決賽》。內容設想二戰魔頭希特拉的鬼魂，與時任「蘇修」總書記勃列日涅夫（港譯：布里茲列夫），同台互相吹噓鬥嘴：看誰的黑手伸得更長、更惡，誰的「馬仔」多。一個是納粹極右、一

個是修正主義,「平等」對話。

希魔和勃老頭,雖都橫遭醜化,演出卻大受歡迎,也將座上的觀眾逗樂了,全場爆笑。

同場,學友社還安排了超過五十人,混聲朗誦了石中英在「水珠集」的新作、宣傳愛國主義的《大橋抒懷》,這散文詩記載了阿咩在1975年暑假,帶領一團香港學生,到華東參觀遊覽,歌頌剛落成的南京長江大橋。

5月首演,大受好評,6月加場,千人爆滿新光,《盤古》雜誌總編輯馮可強,即派出港大學生記者古兆奉(古兆申之弟)來訪問石中英、楊偉舉等。《盤古》1976年7月號,還刊登了劇本全文,並譽為香港「愛國反霸」文藝創作之先鋒。

2020年《我愛秋風勁》簡體字版出版,並進入了「中國國家圖書館」。

「學友社」排練了百人朗誦阿咩的散文詩《大橋抒懷》,於北角新光戲院把它作為「五四文藝匯演」表演項目。

《盤古》一度被視為有別於傳統左派的「新左派」大本營，為六七暴動後，香港大專學術界重要的理論性雜誌。編輯包括：劉佩瓊、馮可強、黃維波、古蒼梧等。

被《盤古》點評為「愛國反霸」的政治諷刺劇，是阿咩受學友社元老楊偉舉邀請，義務創作的四十五分鐘的舞台劇。但因「顧全大局」，全文發表時用「學友社集體創作」。

　　儘管舞台上還有安哥拉兵、越南兵、古巴兵、意大利法西斯等小角色，但這兩個納粹德國和蘇共領袖主角組成的劇本，其實似相聲多於舞台劇。但誰又料到，這位「阿奉」，五年後成為香港一個風靡華語世界的電視劇——由上海學生運動開始的《上海灘》的故事原創。更意想不到，四十年後，阿咩為了回應他兄長的一聲質詢：「你是否不反殖了？」而寫下了一生最重要的公開信：《答古蒼梧：回歸夜的那一滴淚》。

　　正當阿咩對初次編劇的成功有點飄飄然之際，卻接到老友、《盤古》雜誌創辦人之一的黃維波的電話。黃維波這時已另創辦了一本刊物《學生哥》。「你為學友社寫的話劇十分成功，有一班學者和讀者很感興趣，但認為這齣喜劇竟敢用兩個反派人物做主角，完全看不到

『工農兵』形象，違背了毛澤東〈在延安文藝座談會上的講話〉的精神，所以極想約你交流一下。」

阿咩心想，〈在延安文藝座談會上的講話〉的精神，是要文藝作品中樹立正面形象。看來約談他的這些人來者不善，於是立即找出《毛澤東選集》，翻出那篇「講話」，做足功課，準備「舌戰群儒」。

那天，他帶著《毛選》，應約來到《學生哥》社址。黃維波笑意相迎，把阿咩帶到會議室，一張長檯圍坐著十幾個年輕人，黃維波向他們介紹了石中英，並說：「各位對其劇本可能有不同意見，不妨交流一下。」說畢便退回編輯室，丟下阿咩這隻「孤羊」獨自走進「狼群」中。

眾人毫不客氣，立即開火。一個說：「根據毛澤東〈在延安文藝座談會上的講話〉的精神，應是工農兵正面形象佔領舞台，怎能一個是蘇修分子，一個是納粹分子？」有備而來的阿咩，不慍不火，翻開《毛選》，然後甚麼歷史唯物論唯心論，甚麼陽春白雪、下里巴人等等，理論一套一套的，漸漸化解了這群年輕人的暴躁，理解他寫這樣一個劇本，其實有正面教育意義，是要向觀眾以古諷今地揭露蘇修和納粹的惡言惡行。

阿咩以毛澤東的〈在延安文藝座談會上的講話〉應戰，舌戰香港「紅衛兵」。

這次批鬥會，由晚上九點持續到凌晨兩點，儘管最後一群年輕人仍保留自己的意見，卻也帶著笑容離開。這時黃維波才又現身送客，握著阿咩的手說：「看來談得不錯嘛。」阿咩說：「大家已達成共識，求同存異。」

回家路上，阿咩不禁失笑：我寫的東西已經夠左，竟有更左的人

要批鬥我？！唉！

　　甚麼是真理？到底真理會否愈辯愈明？他沒有想到的是：在香港這個人人忙碌工作的國際城市，居然有那麼一小撮人，為如此虛無而邊緣的政治極端，吃飽了飯沒事幹的鑽牛角尖。

　　這位新晉的「劇作家」，一出道便受到了吹捧，瞬間又遭到了批判；一時「樣板戲」、一時「大毒草」。《世界盃吹牛大賽總決賽》在不久的重演上，加上了終場：工農兵以高大形象出現、兩個「魔頭」的狼狽敗走為大結局，就算是向「政治正確」的少許妥協吧。

　　「都唔好玩嘅」！這種感覺，令阿咩三十八年後，才重返新光舞台，背景為 1967 年的音樂劇《那年五月》，再次迎接掌聲和噓聲，彈指一揮間……「五月風暴」之後，香港的經濟不斷繁榮發展，高樓到處崛起。阿咩忽然覺得這八年青春，在一片混沌中度過，時間過得飛快，二十五歲了。出獄後這八年，從筆耕到揸粉筆，一直過著清教徒般的生活，思想上仍以「革命者」自居。即使在私校英文書院任教，西裝革履，但與香港主流，還是格格不入。

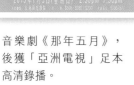

音樂劇《那年五月》，後獲「亞洲電視」足本高清錄播。

《那年五月》公演，好友謝偉俊、白韻琴捧場，音樂總監黎小田陪同迎接，主題曲《再生》為石中英曲詞原創，黎小田編曲配樂，歌頌鳳凰浴火重生的精神。

香港在暴動後經濟復興，為酬謝警察在六七暴動時為英國人身先士卒，暴動後嘉許為「皇家警察」的警隊即使貪污，也一度受到英國人有意無意的縱容。但港英修復破壞的能力高超。舊的殖民官戴麟趾去了，新的外交官麥理浩來臨，公屋計劃、撲滅罪行運動等相繼出籠。同時又成立了廉政公署（ICAC），下定決心，要從頭收拾舊山河，數年間，香港下一代的本土意識確立，工商業對前景恢復信心，殖民地政府得市民普遍擁護。這殖民地小島，邁入了一個新時代。

「批托」檄文

1974 年的夏天，阿咩在街上看到一群青年，打著紅旗、黑旗示威遊行，還唱著《國際歌》，不禁好奇，上前觀看那些長髮青年，看來一點傳統左派的味道也沒有。他們沿途派著傳單，高呼口號，內容滿是「打倒殖民主義」、「打倒帝國主義」、「勞工萬歲」，但又「打倒工會官僚」等等。

阿咩有點一頭霧水。

是友是敵？打著紅旗，為何又打著黑旗？這些青年看來不似左校學生，又不像左派工會工人。那麼，是不是打著紅旗反紅旗的人呢？

七十年代的香港，是個思潮泛濫的年代。傳統左派創辦了理論性的刊物《七十年代》，由李怡、陳松齡主理，對大陸文化大革命，多讚少彈，對海外的保釣運動，推波助瀾。1967 年被停刊的《青年樂園》，在《新晚報》「借屍還魂」，除「學生樂園」外，周日的「風華」版，由大專界李國強組稿、羅孚親自主理，成為左派報刊高級知識分子的思潮旗艦，六七暴動期間，並沒有投入運動的大學生，經受愛國反殖思潮的衝擊，也動起來了。原《中國學生周報》的 67 年中大畢業生古兆申（古蒼梧）先後聯同黃維波、馮可強、劉佩瓊等，從「反共」

文人戴天手上，接辦了《盤古》雜誌，漸親中反美，形成了不被新華社視為正統、但可團結的「新左派」。

最奇葩的是，《70年代》雜誌，左派稱為「七窿」的創辦，爆炸性地開闢了香港青年新思潮的發源地。一群青年知識分子，不甘在港「非左即右」的意識形態，如「五四運動」後興起的「勤工儉學」，紛紛到法蘭西或遊學或流浪，吸收法國大革命、1968紅五月等革命造反思潮，把無政府主義、達達主義、野獸派藝術、存在主義的沙特、「上帝已死」的尼采⋯⋯更把「不斷革命論」的托洛斯基，帶返香港。

阿咩看到示威隊伍中的黑旗，便是無政府主義的旗幟。《70年代》的創辦人之一，珠海書院的莫昭如，便是其中佼佼者。

由於在蘇共權鬥中失敗的紅軍之父托洛斯基，在上世紀三十年代流亡法國時建立的「第四國際」（共產國際）總部仍設在巴黎，一些港青到法國接觸了他們，以及1927年在大革命時期與中共分裂的彭述之的中國托派，亦長期以巴黎為大本營，故除思潮外，這些接受了「革命思想」的港青返港後，亦發展成本地托派的小組織「革命馬克思主義者同盟」（簡稱「革馬盟」），代表人物有岑建勳、吳仲賢、向青等。

後期成為「托迷」的，還有「街工」梁耀忠、八十年代曾在大陸入獄及為前特首梁振英的同班同學劉山青、中原地產創辦人施永青和綽號「小喇叭」、「長毛」的梁國雄。

因托派其實是國際共產主義運動中的分支，是蘇共、中共的分裂者、反對派，故而，他們示威，當然打著紅旗，也用上鐮刀斧頭的標誌了。

在獄中，唱過《國際歌》的阿咩，看到了香港街頭出現紅旗黑旗的示威，高叫共產主義的口號，居然心中掠過一絲厭惡，認為他們是在欺騙工人學生、混淆革命正統的界線、分裂傳統左派陣營，心中俠義，又油然而生——自己雖是個數學教師，但可用一枝筆去揭露他們

的真面目。但自己對這些理論，不但聞所未聞，更認識不深，又該怎麼辦呢？

從零開始，自學吧！阿咩想不到這孤獨的學習，以及一發不可收拾的筆戰，一打便是四年。

「托派」激起了阿咩的好奇。聽說灣仔譚臣道有一家二樓書店「一山書屋」，內有大量托派刊物出售。阿咩買了兩本回家研究。初時一頭霧水，再讀下去，方知猶太人托洛斯基是列寧死後史太林的死敵。托洛斯基的共產理論，比史太林高超。而且，不但主張向全世界輸出革命，更鼓吹要不斷革命，無休無止。

甚麼是國際共產主義運動中的托派？甚麼是共產黨內的托派？

「十月革命」的功臣——蘇聯的國父列寧（左）和「紅軍之父」托洛斯基（右）。列寧死後，托洛斯基與史太林權爭失敗，分裂俄共成托洛斯基派。流亡海外後，又成立與史太林「第三國際」對立的「第四國際」，是謂「國際托派」。

香港的「左仔」只隱隱然知道，史太林是列寧的正統接班人，而史太林四十年代派殺手到墨西哥，將托洛斯基暗殺。因此「托派分子」自然是革命的死敵。加上三十年代，史太林黨內大清洗，將所有政敵冠以「托派」的仇恨罪名，連毛澤東在北伐戰爭和長征路上和延安整風期間，都給一切反對他的人扣上罪名，也亦步亦趨，清洗「托派」——包括王實味、彭述之、胡風等等。

而在中共黨史上，1927 年大革命失敗後，黨總書記陳獨秀在彭述之的影響下，和第三國際領導的中共分裂，成為「托陳反對派」、「中國托派」，更一直被視為中共內部的敵人。

托洛斯基主義，從理論到派別，都是共產主義運動中最神秘而又爭議最激烈的一科，香港沒有多少人研究的，阿咩偏偏發生了興趣。

他在商務三聯等左派書店，四處搜尋共產政治理論書本：馬克思、恩格斯、列寧、史太林、《毛澤東選集》，還有魯迅論托洛斯基及聯共（布）黨史。白天在聖思定教書，不動聲色，一有餘暇，就啃讀此等平時無人願看的硬理論。讀後以為掌握了真理的阿咩，感到如同孫悟空在爐火中煉成了金睛火眼，識別了「蜘蛛精」和「白骨精」。對這些「第四國際」、「中國托派」在香港誕下的變種「港托」，也有如伊斯蘭遜尼派在自己的「地盤」發現了幾個什葉派。

阿咩義憤填膺，認為揭露「敵人」的偽裝，區分毛澤東的「繼續革命論」和托洛斯基的「不斷革命論」，為工人學生分清敵友，頓成己任。阿咩猶如唐吉柯德，單槍瘦馬，面對風車巨人般，決定一個人、一枝筆，向托派宣戰！

徵詢過李廣明。見他雖沒贊成，也沒反對，便認真地坐下來，執筆寫成了第一篇「批托」文章。可以在哪兒刊登呢？想起《新晚報》「風華」版，專門刊登政治理論文章。在「學生樂園」時代，每周五晚，阿咩會從後來當上《廣角鏡》總編輯的李國強手中，接過全版「風華」的稿件。稍加排版整理，便送呈羅孚，逢周日刊發，如是者幾年。既然與「風華」有緣，便拿著文章去叩見羅老總，陳述敵情，並獻上炮彈。

彭述之 口述
中文本編撰者：
程映湘
法文本譯者：
高建樂、程映湘

彭述之回憶錄
中國第二次革命和托派運動
共產主義在中國胚胎（1920－1924）
第二次革命（1925－1927）
中國托派運動（1929－1983）
下卷
天地圖書

1927 年，中國大革命失敗，催生了中國托派。中共建黨首五屆總書記陳獨秀，被標為「托陳反對派」，彭述之後成中國托派的領袖，流亡巴黎，「第四國際」中國分部負責人，他後來接見了香港青年，也催生了香港托派。

羅孚接過文章細看，默不作聲。阿咩追問：「行嗎？你是否需要向新華社請示？」羅老總果斷回答：「不必！我可以拍板，就發表吧！」

〈且剝一剝托派分子之皮〉在 1974 年 7 月 28 日在「風華」版見報，是香港左派首次有批托文章。這在香港知識界中引起很大騷動。大家猜想，中共是否在香港開始對付托派？

「批托」文章，寫了一篇又一篇。第二篇〈托派對「通貨展」的拙劣表演〉於 8 月 4 日刊出後，港大學生會一名副主席、香港托派組織「革命馬克思主義者同盟」的吳仲賢，即在《學苑》撰文反擊。更令阿咩吃驚的是，有一天下班，發現在街邊的牆壁及落了閘的店鋪都見到，「老托」雜誌《十月評論》的海報，最新一期，赫然有一篇重頭文章：〈反擊石中英的批托謬論〉。「石中英」三個大字，竟在香港的街頭巷尾出現了！阿咩不禁又憂又喜。何以小小文章，竟招致如此猛力回擊！

《十月評論》是「第四國際」中國托派的機關刊物。自己不但招惹了香港托派，還驚動了國際托派。怕暴露身份，也擔心人身安全。畢竟，仍在英文書院任教，校長和學生，對於這位全職數學教師，暗藏的那層毛派「紅色理論家」的身份，一無所知。

雖受攻擊，卻未有退縮：也有人發表文章附和，令他深受鼓舞。於是 9 月 22 日，發表第三篇〈托派分子舉的是什麼旗？〉、9 月 29 日第四篇〈托派分子對中國革命的破壞〉，是第一次香港有人把托派，聯繫上中國革命。文章研究了在中國革命的幾個階段與托派的關係，特別是在抗日戰爭中，托派竟然支持日本侵略中國，阿咩認為這是極為荒謬的。

此兩篇文章見報後，《十月評論》又撰文抨擊。刀來劍往了兩個月，對方似乎偃旗息鼓。10 月 13 日，石中英在「風華」發表第五篇

文章，借魯迅在 1936 年〈答托洛斯基派的信〉發端寫成的〈「答托洛斯基派的信」學習扎記〉，以師承魯迅自居，對托派進行批判。文章共五千字。⑥

寫批判文字自覺師承「魯迅」的石中英，認真研讀了魯迅在日本侵華時期的〈答托洛斯基派的信〉，撰寫「學習扎記」，批判了香港托派的「高超理論」。

七十年代的《新晚報》逢周日的「風華」版，是左翼文化界一個重要的理論學術陣地，「樓上」的石中英發表批托文章，「樓下」的張茅發表戲劇評論，百花齊放。

---

⑥ 魯迅在其中一文中提到：「你們的『理論』確比毛澤東先生們高超得多，豈但得多，簡直一是在天上，一是在地下。但高超固然是可敬佩的，無奈這高超又恰恰為日本侵略者所歡迎，則這高超仍不免要從天上掉下來，掉到地上最不乾淨的地方去。……那切切實實，足踏在地上，為着現在中國人的生存而流血奮鬥者，我得引為同志，是自以為光榮的。」

十七歲便認識的張茅,是《新晚報》榮休的副總編輯鄭紀農,他是曾德成初當記者時的第一個直屬上司,因為張茅得悉阿咩舊作在內地新版,特書就墨寶贈後輩,以茲鼓勵。

論戰時代,阿咩通常先定議題,然後讀書、思考、定提綱。到了周五晚,飯後八時一直寫到翌晨六時。然後交給羅老總。論戰文章越寫越長,也太累了,但仍感滿足:以為已掌握了「真理」、揭露了「敵人」的偽裝。

四個月內,發表了五篇檄文,也覺得批托批得差不多了。而且亦已開學,教務繁忙,對方看似回擊乏力,於是也暫時休戰。

阿咩在「風華」發表了十篇評論托洛斯基主義派別及理論文章,「批托」橫跨四年。

1974 年底，《文匯報》編訪主任張雲楓突然來電：「阿咩，你的批托文章寫得很好，《文匯報》也想搞個『托洛斯基思潮研討會』，邀請些大學生參加。香港沒甚麼研究托派的人，可否請你來擔任研討會的主持？」

有點受寵若驚，竟不知不覺在《新晚報》成為批托的「旗手」，連《文匯報》也邀請自己當大學生研討會的主持。其實，自己只在「赤柱大學」一年，不禁有些自卑，卻又充滿自信。

當天依時來到《文匯報》在灣仔道的新社址，座談會由張雲楓致歡迎辭。會議來了二十來個大學生，探討了「托洛斯基思潮」和「香港托派問題」。事後，《文匯報》還刊登了研討會上的發言，令阿咩儼然成了一個專家，特別是左派的批托專家。

會後，兩名港大學生麥炳良和程翔一起向阿咩自我介紹。前者即麥華章，畢業後加入《文匯報》，是第一個訪問「赤柬」書記波爾布特的香港記者，1989 年創辦《經濟日報》並任社長。程翔後來為《文匯報》副總編輯，「六四」後與李子誦、劉銳紹等共創《當代》雜誌。後因在新加坡《海峽時報》的報道，被指控間諜罪，進了大陸監獄。

若干年後，阿咩才省悟，雖然感謝張雲楓當年把石中英捧成青年理論家，但其實阿咩也被這位後來的《文匯報》社長「抽了水」。因為研討會後，不但許多大專學生成為《文匯報》長期讀者，麥華章和程翔等港大學生，後來的中大學生會會長《太陽報》總監齊禧慶等，也被《文匯報》吸納為員工，人才濟濟，這是「左報」破天荒的大事。

1976 年 1 月 8 日，周恩來逝世。其後清明節，發生了「四五」天安門事件。沉寂一時的托派，又轉活躍。連小師弟梁國雄，後來也創立「四五行動」的托派小組織。以魯迅為偶像的阿咩，在 5 月 16 日，發表了第六篇檄文〈托派要的是什麼「民主」？〉，涉及當時在大陸的文革中辯論：無產階級專政和社會主義民主，文中兼有毛、托兩派

的觀點，也提及巴黎公社。見報三天後，有名「魯軍」的讀者投稿「風華」，說「石中英的大文，不錯，駁斥了托派對馬克思主義的歪曲」。該文章再次惹起了關注。

5月23日的〈托派到底在「反」什麼？〉及6月6日的〈蘇修霸權主義的辯護士〉，不止針對香港托派，還詰問國際托派，為甚麼要支持蘇聯插手安哥拉內戰，指出蘇修已與霸權主義結合。6月27日的〈托派分子是「新左派」嗎？〉，第一次點出香港托派的「第四國際」聯繫，以及他們和中國托派、即是「老托」和「新托」的關係。順藤摸瓜，擴人打擊，也得到了「社會反應」。過了兩天，一位署名楊行，在《文匯報》的「新語」專欄，回應阿咩的說法。9月9日，毛澤東逝世，「四人幫」倒台，1977年4月10日，阿咩在「風華」發表了他的第十篇，也是最後一篇批托文章——〈托派分子的「老譜」〉。

「四人幫」倒台後，十年文革結束。海內外華人思想界一片混亂。阿咩竟愈發覺得自己的批判文章，滿紙假大空、公式口號化，批著、批著，也曾自忖究竟是在批判托洛斯基的「不斷革命論」？還是在批判文革中毛澤東的「繼續革命論」？「革命」詞彙也有既定的：「帝國主義」、「反動派」、「革命」、「野心家」之類，寫著、寫著，也真的相信，托洛斯基是個十惡不赦的王八蛋。懷著無產階級的仇恨，假的，變成真的。自覺的使命，也化為模糊的激情。

這場長達四年的筆戰，終於落幕，阿咩當時認為自己勝利了。卻恍如一隻再沒有老鼠可捉的貓兒，感到無限空虛。尤其幾年後，在大陸簽了悔過書才獲釋、當了《花花公子》雜誌總編輯的「革馬盟」領袖吳仲賢病逝以後。年紀漸長，回首看這場孤獨的「壯舉」，才發現：真理其實是相對的，自己可能不過是在用一種毒藥，去對付另一種毒藥而已。

在《文匯報》托洛斯基思潮研討會上相遇相知的四人，在阿咩甲子壽宴上共聚一堂。當年的編訪主任張雲楓（上圖左）成了《文匯報》名譽董事長。當年的港大學生麥炳良（中圖左一），從《文匯報》記者成了《經濟日報》社長麥華章，因全球獨家報道阿咩催成的TCL-THOMSON彩電項目，與前來主禮的李東生主席（中圖左二）合照。《經濟日報》大股東朱裕倫（中圖右一），亦是上「九樓」搵阿咩大陸參觀學習的當年「認祖關社」的學生領袖。走向主人家賀壽的程翔（下圖後排左一）與主禮的譚耀宗伉儷「同框」，當年的港大學生，入《文匯報》當記者到副總編輯，後因「間諜罪」在廣州入獄。

儘管如此，石中英的批托，在左派小圈子哄動一時，卻是不爭的事實。八十年代當阿咩轉職到華南旅行社，碰到工聯會的鄭耀棠，偶然談起七十年代的批托往事，鄭耀棠才知道眼前的楊向杰，原來就是石中英，大為驚喜：「當年我在洋務工會，每當有你的批托文章見報，書記就會叫我買一大疊《新晚報》抬上工會，讓積極分子圍讀你的文章，學習討論。大家從文章判斷，都以為你是個老人家哩！」

　　1975 年，阿咩在中環大會堂圖書館，有人忽然把他叫住。定眼一看，原來是已數年不見的「小喇叭」，當年上「九樓」打乒乓球的金文泰小學弟梁國雄，現已是青年了。人海相逢，難得他還記得「學生樂園」時的這位咩哥，兩人親切握手。

　　「我要體驗無產階級生活，香港這個英國殖民地住得久了，實在有一股壓抑感。」梁國雄告訴他，中四輟學後，在基層打散工，關注勞工生活，決意一生抗爭。

　　「小喇叭，」阿咩喚著他的綽號：「在基層工作，會有無產階級的體驗。社會主義祖國，遲早會收回香港。你就是參與管理國家的新一代主人了。」

　　梁國雄聽了，笑了笑。兩人在大會堂低座對海的天臺長廊坐下來，頂著下午的陽光，「小喇叭」告訴阿咩，以前是跟金文泰同學一起學《毛語錄》、在鰂魚涌的太古水塘紀念巴黎公社 100 周年。但林彪死後，他從跟隨毛澤東，轉為信仰托洛斯基，工餘也參與了托派的聚會。

　　阿咩吃了一驚：「托洛斯基雖是十月革命的功臣、紅軍之父，卻是蘇聯的叛徒，托派分裂共產主義運動，為甚麼你要接觸這些人呢？」梁國雄不以為然：「托洛斯基主張不斷革命，他的理論是正統的、正確的。1967 年的反英鬥爭，被帝國主義撲滅了，結果左派也屈服了。對於殖民主義的懷柔政策，即使毛澤東也喪失了繼續反抗的意志，任由香港成為資本家和買辦，剝削人民的地方。這不就證明托洛斯基的

主張是正確嗎？」

闊別幾年，阿咩覺得眼前的梁國雄，沒有浪費青春，原來他像自己，也有一點理想，對共產主義理論有進一步的認識。一則以喜，卻一則以憂：這位昔日「學生樂園」追尋「革命理想」的少年，是否已走上了托派的邪路？

阿咩耐心地解釋：為甚麼托洛斯基是叛徒？因為他反對列寧正統的繼承人史太林。

然而，「小喇叭」不服氣，二人滔滔爭辯起來。

「最近《新晚報》有幾篇批判托洛斯基的長篇文章，筆名石中英。他們說，這是中共在新華社成立的寫作小組，專門針對我們，你知道嗎？」梁國雄這一問，阿咩一時語塞。由於托派正在四處要起「石中英」的底，海報也貼滿街頭巷尾，必須隱蔽身份，故此只能對這位學弟，謊稱一無所知。

阿咩對梁國雄說起在監獄抗爭的往事、今日祖國對香港的政策，這一切不是向英國殖民主義者屈服，而是鬥爭的另一階段。

梁國雄不贊成，認為鬥爭只有一種手段，就是革命。革命一旦靜止下來，革命家的思想就容易鬆懈，會與敵人形成某種妥協。托洛斯基，便是「不斷革命論」的原創導師，而毛澤東只是一件「土貨」。

大家暢談人類前途、革命理想。阿咩看看手錶，渾然不覺已過了兩個多小時，太陽快西下了。意見雖不合，兄弟情還在。二人握手道別：「小喇叭，將來無論你信甚麼也好，總之要記住，你是中國人，千萬不要做對不起國家的事。」梁國雄點點頭，轉身離開。恍似再次確認：「反英反殖」的咩哥，是他精神上的「啟蒙人」。

看著「小喇叭」的背影漸行漸遠，阿咩不知是惋惜還是關愛，這位小戰友，會不會有一天成為祖國的敵人？

自此，阿咩再沒有遇上梁國雄。直至三十三年後，一次八號風球下，才在灣仔與梁國雄偶遇。那時的他，留了一頭長髮，已貴為特區的立法會議員「長毛」了。

金文泰師弟、「九樓」人稱「小喇叭」的「長毛」議員梁國雄與阿咩在四十年後八號風球下重逢。

霍興（上圖右一）與阿咩，獲贈小紅書——唐詩三百首一冊，內書「啟蒙之恩，沒齒難忘」。

梁中昀於 2006 年一宗交通意外中逝世。其遺孀陳倩霞（左二）手抱外孫，和兒子（左一）、女兒（左四），到咩家晤金文泰眾校友，包括雅健創辦人之一潘小敏（右一）。

重逢茶聚，從商的阿咩才坦言當年和托派打筆戰的石中英，並非新華社的一個寫作班子，只是獨行俠、廿餘歲的文青，不是托派想像中的五十多歲中年人。「長毛」大覺世事玄奇，道：「咩哥，你真勇敢！你知道嗎？我們當年組織了一百人，研究和寫作批判石中英，還出了專書《他們如何反對托派——石中英先生的反面教材》。如果我們那時知道你是誰，真不知道有甚麼事會發生呢？」

▋ 奮筆著書和憤然焚稿

　　四人幫倒台後，有一天阿咩上《新晚報》找羅孚：「打了四年筆戰，為『風華』寫了十篇托派長文，如今已沒甚麼好再寫了。羅老總，可否助我把這些文章結集出版，留個紀念？」

　　「五萬字太少了，至少廿萬，我讓三聯幫你出版。經過觀察，『老托』彭述之雖然長期流亡巴黎和美國，但仍然影響著香港的托派分子，甚至學生。其機關刊物《十月評論》還在香港出版。而港托的『革馬盟』則更多青年人參與，托洛斯基思潮批判，還應有更有系統，需上升到學術層次。」

《十月評論》是「第四國際」中國分部的機關報，七十年代初，在香港印刷發售，其海報在周末貼滿港九旺區的落閘店鋪，若哪期有反擊阿咩的批托文章，「石中英」三字，便隨之出現在街頭，成為阿咩「論戰」時期獨特的文化符號。

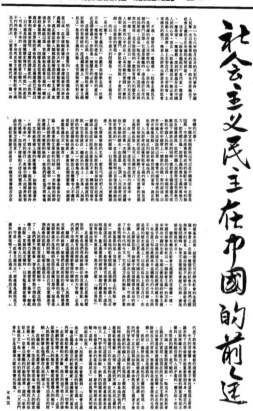

《戰訊》是香港托派組織「革命馬克思主義者同盟」的刊物,以在勞資糾紛、社會運動、學生集會上的會場外,免費派發。曾經的成員包括施永清、梁國雄、劉山青、梁耀忠等。其創辦人為吳仲賢。

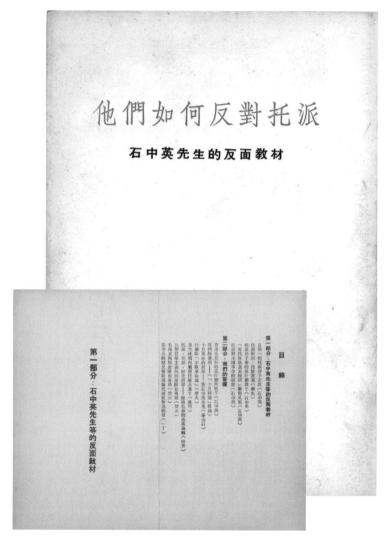

「長毛」從毛派轉為「托派」，與阿咩於回歸後重逢，贈書一本，並告知：托派當年懷疑「石中英」是新華社一個寫作班子，應是些五六十歲的寫手，故組織了一百人，研究石中英的批托文章，並出專書批判。

羅孚即時致電三聯書店負責人藍真。

「三聯答應了，你回去寫吧。」很快，一位姓黃的女編輯跟阿咩聯繫，敲定了出版計劃。

剛好聖思定校監著阿咩和他一起辭職，教學四年，也不急另找教席，可趁此專注寫書。阿咩由會考後的 5 月到 9 月，日以繼夜地寫成二十萬字。專書分為五章，包括托洛斯基、托洛斯基主義、「第四國際」、中國托派和香港托派。阿咩高興地交了稿，靜候出版。

一天，黃編輯突然約阿咩到山頂餐廳喝茶。

阿咩滿心歡喜：一定是宣佈好消息，才挑了一處高級浪漫的地方吧。

黃編輯坐下、低著頭，竟眼泛淚光：「你的書已排好版，準備付印。不過，由於現在打倒了四人幫，鄧小平復出，整個中國形勢，都要向經濟發展方面轉化。我們新老總蕭滋，下令三聯以後不再出版政治題材、理論等不合時宜的書籍，要多出務實一點談社會經濟的。你的……書……，不能出版了……」

隨即向阿咩遞上一張大額的支票——五千元，是阿咩當時教書月薪的數倍！還親手把書稿退還給阿咩。

怎麼搞的？！若不是羅孚和藍真兩位老總的約定，我怎會動筆呢？且為了趕書，還放棄找新教職！雖然三聯「錢照俾，稿就退」，但想著想著，愈覺屈辱和憤慨！！

頹然地回到家，對著厚厚的稿件，下意識致電給羅老總。感謝他的推介，明白政策已變，批托專書只能夢碎了。也不知過了多久，阿咩找來個搪瓷臉盆，咬咬牙狠下決心，把自己的「心血結晶」，扔了進去，隨手點起一把火，看著書稿一頁一頁的化成灰燼……

焚稿之際，百感交集。

阿咩沒有埋怨蕭滋。而且，當時他不知道蕭滋，竟又是「赤柱難友」。看到文化大革命中，理論爭議，並無定律。一時打倒這個、一時打倒那個。當日的「真理」，可能成了今天的謬誤。政治觀點，必會經歷「否定的否定」。即使書出了，也許會是終身的恥辱！最終不論是吹捧或批判，自己會否當上「文化烈士」，成為犧牲品，又或為虎作倀，淪為「政治打手」？

　　「不當打手！不做烈士！」兩種人，自己都不要做！一片飛灰之中，阿咩決定斷絕沉浸在虛無政治理論和思潮的研究及批判之中，從此擱筆。不但論文不寫，散文也不寫了，成了文化人吳萱人稱呼的「迷失作者」，「文青」石中英也在人間消失，直到六十歲後。

藍真（左三）為左派出版界的「大佬」，他與羅孚為石中英出版「托洛斯基」研究專書的議定。竟在十年文革結束後，由接手三聯書局總經理的蕭滋（左二）在付印前夕叫停。

兩位 1967 年「5.22 花園道血案」的傷者許雲程（右一）及蕭滋（右二），到香港電台接受劉銳紹訪問。左一為 YP 高兆楨，左二為石中英。

九十高齡的榮休三聯書店總經理蕭滋，是《我愛秋風勁》中英文合集的出品人，更出席了 2016 年的新書發佈會。

2014 年，「六七少年犯」阿咩，在香港電台接受《舊日的足跡》梁家永訪問時，公開感謝蕭滋當年的煞停，令自己決志焚稿、擱筆。

　　這一焚稿，在「三十而立」門檻之前、儉舌跳躍之間，把青年的激進信仰，完成了一場火祭，是「鳳凰涅磐」的一個樂章。

應羅家邀請，阿咩出任「羅孚追思會」的司儀。並親撰悼文〈偉大伯樂的完美句號〉，向恩師作最後致敬。

（上卷完）

英氣（上卷）
阿咩正傳——一本你不知道的另類香港史

作者： 陶傑
監製： 衛敏之
總編輯： 陳偉中
策劃編輯： 呂志剛
責任編輯： 韓雪、Joyce
編輯顧問： 周蜜蜜
總秘書： 蘇碧倫
設計： 水青子
出版： 紅出版（青森文化）
地址：香港灣仔道 133 號卓凌中心 11 樓
出版計劃查詢電話：(852) 2540 7517
電郵：editor@red-publish.com
網址：http://www.red-publish.com
香港總經銷： 聯合新零售（香港）有限公司
台灣總經銷： 貿騰發賣股份有限公司
地址：新北市中和區立德街 136 號 6 樓
電話：(886) 2-8227-5988
網址：http://www.namode.com

出版日期： 2023 年 11 月
上架建議： 人物傳記
ISBN： 978-988-8868-12-4
定價： 港幣 168 元正／新台幣 670 圓正

本書部份收益，撥作慈善用途